W0242368

LIKÖRE UND ANSATZSCHNÄPSE
SELBSTGEMACHT

Die Autoren:
Franz Severin Berger, geboren 1945 in Wien, Journalist und Autor. Besonderes Interessensgebiet: die Kulturgeschichte von Ernährung und Nahrungsmitteln und die damit verbundene Volksmedizin; Hobbygärtner.

Christiane Holler, geboren 1955 in Wien, Journalistin und Autorin von Sachbüchern. Seit vielen Jahren praktische Erfahrung mit dem Ansetzen von Kräutern, Beeren und Früchten aus dem eigenen Garten.

Franz Severin Berger / Christiane Holler

LIKÖRE UND ANSATZSCHNÄPSE
SELBSTGEMACHT

Mit 50 Schritt-für-Schritt-Rezepten

ORBIS VERLAG

Bildquellennachweis:
© GUSTO: Seite 17; 55/Stefan Liewehr; 76; 109/Das Foto
© Stockfood: Seite 20/Uwe Bender; 28, 58/Michael Brauner; 32, 42, 47, 62, 116/S. & P. Eising; 34/Studio Eising
© Nova-Photo-Grafik GmbH, Österreich, nova ILLUSTRATIONEN®: Seite 25, 29, 38, 43, 50, 65, 69, 72, 83, 90, 94, 100, 121

Wichtige Hinweise:
Die Rezepte in diesem Buch sind ausschließlich für die nicht-kommerzielle Verwendung im Haushalt und die Likörherstellung für den Eigenbedarf gedacht. Wer für den öffentlichen Verkauf ab Hof, auf Märkten o. ä. Liköre herstellt, unterliegt mit seinen Produkten strengen Gesetzen bezüglich der Einhaltung genauer Prozentsätze für Alkoholgehalt, der Auszeichnung der Inhaltsstoffe und vielem anderen mehr. In diesem Buch wird auf diese gesetzlichen Vorschriften nicht näher eingegangen. Es liegt in der Verantwortung des einzelnen, im Bedarfsfall die entsprechenden Informationen einzuholen und für die Einhaltung der Vorschriften Sorge zu tragen.
Alle Angaben in diesem Buch wurden von den Autoren und vom Verlag sorgfältig geprüft. Eine Garantie kann dennoch nicht übernommen werden. Eine Haftung der Autoren bzw. des Verlages und seiner Beauftragten für Sach-, Vermögens- und Personenschäden ist ausgeschlossen.

Genehmigte Sonderausgabe 2000
Orbis Verlag für Publizistik
in der Verlagsgruppe Bertelsmann GmbH, München
Copyright © 1997 by Verlag Orac im Verlag Kremayr & Scheriau, Wien
Alle Rechte vorbehalten
Einbandgestaltung: Norbert Pautner, München
Lektorat: Sabine Wimmer
Satz: Zehetner Ges. m. b. H., A-2105 Oberrohrbach
Repros: Repro Wohlmuth, Wien
Druck und Bindung: Graspo CZ, Zlín
Printed in the Czech Republic
ISBN 3-572-01197-3

INHALT

DIE WAHRHEIT ÜBER DEN ZAUBERTRANK DES MIRACULIX

Versuch einer kleinen, etwas anderen Likörgeschichte

Wenn in Fachpublikationen, in praktischen Ratgebern, in bunten Sachbüchern meist am Anfang die Historie der in Rede stehenden Köstlichkeiten aufbereitet wird, so wird gerade bei den Likören meist auf das wichtigste historische Fachmagazin vergessen. Fast jedes einzelne Heft der weltberühmten Asterix-Serie führt uns nämlich an die Quellen geheimen Wissens. Selbstverständlich ist die Story um den kleinen gallischen Krieger Asterix, seinen dicken Freund und Hinkelsteinfabrikanten Obelix, die Bevölkerung des rebellischen Gallierdorfs und um den dagegen ohnmächtigen Caesar in Rom, also, wie man modern sagt, der Plot, von den Autoren frei erfunden. Jedoch der kritische Blick eines Historikers und Archäologen auf die gezeichneten Abenteuer und deren Helden zeigt nichts als Wahrheiten. Die Kleidung, die Waffen, die Frisuren und Bärte, die Helme, die Wildschweine, die Bauwerke, die Zitate, das alles sind nicht erfundene Elemente, sondern historische Tatsachen. Und sie sind fast originalgetreu wiedergegeben. Ausgenommen natürlich die Hinkelsteine des Obelix, denn die europäische Megalith-Kultur hatte ihre Blüte rund 2.500 Jahre vor den Kelten. Und, werden jetzt Kritiker sofort einwerfen, natürlich ist der Zaubertrank, der es sogar jedem Gebrechlichen ermöglicht, mit der linken Hand eine halbe römische Kohorte aus den Rüstungen zu beuteln, ein reines Fantasieprodukt. Aber eigentlich steckt auch dahinter ein echter historischer Kern. Der Trank, den der Druide Miraculix vor jeder tätlichen Auseinandersetzung für seine Dorfbewohner braut, ist keine bloße Erfindung. Denn die Kelten waren für Griechen und Römer der Antike über Jahrhunderte hinweg gefürchtete und unbesiegbare Gegner. In der Schlacht waren sie für ihre Wildheit, ihre absolute Unerschrockenheit und vor allem wegen ihrer Rücksichtslosigkeit gegen sich selbst so gefürchtet, daß die auf Disziplin und Funktionalität gedrillten griechischen und römischen Soldaten gegenüber diesen heulenden Riesen ihre Kampfformationen auflösten und wie die Hasen davonliefen. Polybios und andere Historiker geben aber deutliche Hinweise, wie es zu dieser ungezügelten Kampfwut, dem Furor der Kelten, kam. Tatsächlich haben die nicht nur heilkundigen und mythosbewahrenden Druiden Getränke zubereitet, die sie vor den Schlachten den Männern verabreichten. Basis dieser „Zaubertränke" war sicherlich ein alkoholisches Getränk. Die Kelten kannten schon das Bier, und sie liebten vor allem den südlichen, italienischen, schweren Wein. Der wurde eingekauft, denn zwischen den kriegerischen Auseinandersetzungen gab es ja auch lange Phasen guter Handelsbeziehungen. Hier wurden keine Kosten gescheut, als Grundtarif galt: Eine Amphore guten Falerners wurde mit einem Sklaven bezahlt. Viele erhalten gebliebene Darstellungen auf Trinkgefäßen (z. B. die berühmte Situla aus Kuffern) und viele Funde zeigen uns, daß die Kelten den Wein vor dem Genuß aber weiterbehandelt haben. Während die Römer Wein nie tranken, ohne ihn mit Wasser zu verdünnen – das Trinken reinen Weins galt als „bäurisch" und unfein –, haben die Kelten das genaue Gegenteil gemacht. Sie haben dem Wein Früchte, Beeren und Kräuter zugesetzt und so einen Ansatz hergestellt. Das Gemisch wurde durch spezielle Plattensiebe abgegossen und dann im wahrsten Sinne des Wortes „gekübelt". Die Trinkgefäße waren eimerförmig, und der Durst der Kelten ungeheuer. Die Weinwirkung wurde also verstärkt. Und fachlich würden wir das, was die Kelten erzeugten, heute als Bowle bezeichnen.

Zurück zu Miraculix. Was er und seine Kollegen den Kriegern vor dem Kampf verabreichten, war höchstwahrscheinlich ganz genauso erzeugt und sicherlich noch zusätzlich verstärkt durch Kräuter, Früchte und Pilze aus den Wäldern, über die die Druiden natürlich Bescheid wußten. Diese „Zaubertränke" waren also Rabiatmacher mit vermutlich halluzinogener und völlig enthemmender Wirkung. Hätte Miraculix – dessen goldene Sichel, mit der er die Misteln schnitt, ebenfalls historisch ist – schon Branntwein zur Verfügung gehabt, dann hätte er ihn sicherlich ebenfalls dazugegeben. Und er wäre klug genug gewesen, ihn so zu bemessen, daß die keltischen „Ledernacken" nicht so betrunken gewesen wären, daß sie nicht mehr aktionsfähig sein konnten. Mit dieser letzten Zugabe hätte bereits Miraculix das erzeugt, was wir heute prinzipiell Likör nennen.

Die Geschichte des Likörs ist also einerseits eine sehr lange und teilt sich andererseits in viele Detailhistorien. Es ist die Geschichte des Alkohols als Produkt menschlichen Erfindergeists, die, wie der Fall Noah beweist, auf biblische Zeiten zurückgeht. Es ist eine Geschichte der

Kenntnis von Kräutern, Gewürzen, Heilmitteln, Geschmacksstoffen pflanzlicher oder auch tierischer Herkunft. Es ist eine Geschichte der Pharmazie und der ältesten Heilkunde, und es ist eine Geschichte der mittelalterlichen Alchimie. Es ist eine Geschichte der Urbanisierung Mitteleuropas durch christliche Mönche, es ist eine Geschichte der Süßungsmittel, vom Honig über den indischen Rohrzucker, den die Kreuzfahrer heimbrachten, bis zum industriell gefertigten, raffinierten Rübenzucker. Es ist eine Geschichte der Eroberung neuer Welten, der Kolonisation und Unterdrückung fremder Kulturen, des Imports exotischer Gewürze, die im Ursprung noch mit Gold aufgewogen wurden. Gehen wir nur ein paar hundert Jahre zurück, ist es auch eine Geschichte der Magie, der geheimen Künste, von Liebeszaubern und weisen Frauen. Es ist auch eine Geschichte moderner Chemie und industrieller Massenproduktion. Somit eine Geschichte alten Wissens und neuer Technik. In dem, was wir heute schlicht und einfach Likör nennen, steckt also schon bei erster Analyse so viel Menschheitsgeschichte, daß, wenn sie hier und jetzt erzählt werden sollte, nicht nur ein ganzes Buch, sondern wahrscheinlich eine halbe Bibliothek gefüllt werden könnte.

„Likör", sagt der Duden, bedeutet „Branntwein mit Zuckerlösung und aromatischen Geschmacksträgern". Das Wort wird Anfang des 18. Jahrhunderts aus dem gleichbedeutenden französischen Wort „liqueur" entlehnt und geht auf das lateinische „liquor", das heißt Flüssigkeit, zurück. Tatsächlich ist das 18. Jahrhundert für die Likörentwicklung von großer Bedeutung. Haben nämlich die italienischen Küchenmeister und davon beeinflußt die französischen Zuckerbäcker aus den mittelalterlichen Klosterheilmitteln schon in der Renaissance erlesene Drinks für Adel und Königshöfe entwickelt, so wird der Likörgenuß im Barock bereits zur bürgerlichen Konsumgewohnheit. Das hängt mit der großen Zahl der importierten exotischen Gewürze aus den Kolonien zusammen, ebenso mit dem steigenden Import von Rohrzucker und natürlich auch des in den Herkunftsländern des Rohrzuckers produzierten Rohrzuckerschnapses, des Rums. Die Trinkbranntweine – Destillate aus Wein, Fruchtmaischen und gemalztem Korn, etc. – waren ja schon im 17. Jahrhundert fast geadelt worden, weil sie als Heilmittel gegen die in Europa wellenartig wütende Pest angesehen wurden. Nun war eben ein außereuropäischer Branntwein, der Rum, dazugekommen, und die Seefahrt hatte daraus relativ rasch ihren eigenen Trunk entwickelt: eine Mischung aus Zucker, Rum und heißem Wasser zu gleichen Teilen, Grog genannt, den ab sofort kein Seefahrender mehr missen mochte. Das reiche Bürgertum konnte sich ebenfalls Mischungen vom Feinsten und Erlesensten gönnen. Noch waren die Liköre nicht zum klassischen Damengetränk erklärt worden. Im Gegensatz zu den harten Bränden wurden sie eher den sanften Geistern wie Klerikern, Dichtern und Wissenschaftlern zugeordnet. Feinsinnig eben, noch nicht feminin. Im 19. Jahrhundert verlagerten sich die Konsumgewohnheiten bezüglich des Likörgenusses drastischer. Die äußerlich so sanfte und beschauliche Biedermeierzeit hatte die alten, klassischen Liköre wie z. B. den Rosoglio in die guten Stuben des Kleinbürgertums und des aufsteigenden Geldadels gebracht. Daran änderte auch die 1848er-Revolution wenig. Die Liköre waren in die Hände zarter, meist älterer Fräuleins mit gestärkten Spitzenhäubchen auf den mit Zuckerwasser gestärkten Lockenköpfen geraten. Die verarmte Arbeiterschaft betrank sich – wenn sie es sich überhaupt leisten konnte – mit billigem Fusel, der Likörgenuß war eindeutig als weiblich abgestempelt worden. Das Liköre herstellende Gewerbe und die beginnende Getränkeindustrie tat das übrige, indem sie die Liköre noch übermäßig süß zubereitete. War im Barock der Zucker noch in Apotheken verkauft worden, so war er im Jahrhundert der Zuckerrübe und des raffinierten Industriezuckers bereits am Weg zum heutigen Grundnahrungsmittel. Und Kleinbürgers hatten es eben gerne süß, als Zeichen ihres Wohlstands. Zur Wende vom 19. ins 20. Jahrhundert war sowohl die Alkoholproduktion als auch die Likörherstellung bereits voll industrialisiert. Und um 1880 herum hatte ein ganz neuer technischer Fortschritt hier zugeschlagen. Die moderne Chemie hatte die sogenannten Ester – Geschmacks- und Duftkonzentrate aus organischen Verbindungen – künstlich herstellbar gemacht. Das war nicht nur für die Parfumindustrie revolutionierend, sondern auch für die Likörherstellung. Denn nun wurden konzentrierte Essenzen erzeugt, die, in kleinen Fläschchen verkauft und nach genauer Anleitung mit Kornbranntwein und gekochter Zuckerlösung versetzt, einen (fast) perfekt schmeckenden, riechenden und farbenfrohen Likör nach jeder gewünschten Geschmacksrichtung für jedermann schnell und einfach im Haushalt herstellbar machten. Diese „Likörkompositionen", die es bis heute im Lebensmittelhandel und in Drogerien gibt, haben die Liköre wieder so weit „proletarisiert", daß sie auch in den bescheidensten Schichten der Bevölkerung Einzug hielten und zu bestimmten Zeiten, vor allem zu Weihnachten, Tradition wurden. Die renommierten Markenliköre mit den großen regionalen Namen und ihrer hohen Qualität hätten sich die kleinen Leute ja nie leisten können. Somit standen auch in den ärmlichen Küchenkredenzen der Zinskasernen Flaschen mit roter, grüner, gelber, blauer Inhaltsfärbung, deren Geschmacksrichtungen Kirsch, Glühwürmchen, Kaiserbirn, Curacao, Kümmel, Altvater und so fort in reicher und breiter Palette zum erschwinglichen Festtagsgenuß einluden. Vom sorgsam gehüteten Klostergeheimnis, das eher Medikament als Genußmittel war, zum süßen Festtagsalkohol der arbeitenden Bevölkerung waren es nur fünfhundert Jahre.

Im bäuerlichen Bereich, sei es am flachen Lande oder auf den Bergbauernhöfen, hatten die Liköre aber keinerlei Stellenwert erreicht. Dort regieren bis heute die klaren Brände aus Obst oder Getreide die rustikale Trinklust. Das hängt vor allem damit zusammen, daß bis weit in dieses Jahrhundert hinein im bäuerlichen Leben der Zucker, wenn überhaupt, nur sparsamst und zu bestimmten Zeiten in der Küche verwendet wurde. Zur Aufbesserung eines Trinkbranntweins wäre das jeder frommen Bäuerin wahrscheinlich mehr als Sünde denn als Kulinarium erschienen. Aber der Ansatz von Kräutern, Wurzeln, Beeren und jungen Baumtrieben in Alkohol als innerlich oder äußerlich angewendetes Heilmittel für Mensch und Vieh, der hatte und hat hier besondere Bedeutung gewonnen. Diese sogenannte Volksmedizin – von geheimnisvollen Kräuterweiblein und heilkundigen Sennerinnen repräsentiert und gepflegt – war oft die einzige Möglichkeit der medizinischen Behandlung, wenn der nächste Schulmediziner nur in der weit entfernten Kreisstadt ordinierte. Die Erfahrung und die Kenntnisse jener Menschen, die diese Ansatzschnäpse oder -geiste, wie sie im alpinen Raum oft genannt wurden, herstellten und anwendeten, darf nicht unterschätzt werden. Andererseits gab es natürlich zu allen Zeiten spöttische Betrachtungen darüber und auch Verdächtigungen, daß solche Arzneien auch zur Erzeugung einer schnelleren Erbfolge oder einer Hofübergabe dienlich wären. Aber dies ist wohl doch nur neidisches Gerede.

Heute ist es wieder modern geworden, sich mit der alten, klassischen Likörherstellung auch im eigenen Heim, Haus und Garten zu beschäftigen. Hinter diesem scheinbar neuen Hobby steckt die tiefe Sehnsucht und der Wunsch vieler Menschen nach naturbelassenen Genüssen, nach altem Wissen und nach gutem, eigenem Handwerk. Denn wer sich selbst mit der Likörherstellung nach alten Rezepten beschäftigt, wird zu seiner Zufriedenheit feststellen können, daß ein Likör nicht nur aus Geschmacksstoffen, Alkohol, Zucker und Wasser besteht. Sondern vor allem aus Liebe zum Detail, Sorgfalt und Genauigkeit bei der Herstellung, unverfälschter Geschmackstreue naturbelassener Zutaten, der Kraft und Wärme des Sonnenlichts und vor allem dem Kostbarsten, was wir als Zutat einsetzen können – der Zeit.

Kehren wir also zum Druiden Miraculix zurück: Ließen wir ihn in unserer Fantasie mit den heutigen Möglichkeiten arbeiten, schlüge er uns vielleicht folgendes Rezept vor:

Edle, exotische und südliche Früchte sind ja für den Druiden heute zu jeder Jahreszeit einfach und wohlfeil zu erhalten. Miraculix hätte bei einem syrischen Wanderhändler, der nach Gallien vorgestoßen war, für einige Sesterzen getrocknete Weinbeeren (Rosinen), getrocknete Aprikosen, einige Dörrpflaumen, getrocknete Äpfel und einige weitgereiste Gewürze (Nelken, Zimt, Orangenschale) in kleinen Mengen erstanden und diese in guter Mischung in einen glasierten Tontopf (oder eine terra sigillata) eingelegt. Dann hätte er die Früchte mit einem guten Trinkbranntwein übergossen, den er sicher für effizienter gehalten hätte als einen zeitgenössischen Falerner Rotwein. Den Topf hätte Miraculix mit einer Tierhaut sorgfältig und dicht zugebunden, damit die kostbaren scharfen Dämpfe des Alkohols nicht ausströmen können. Und er hätte diesen Ansatz im wärmsten Winkel seiner Hütte einen Mond lang stehen lassen. Natürlich hätte er dies geheimgehalten, damit nicht irgendein vorwitziger Dorfbewohner mit blau-weiß-gestreifter Hose in Versuchung gekommen wäre, heimlich davon zu naschen. Nach dieser Zeit hätte Miraculix vorsichtig vom Ansatz gekostet, und wenn dieser süß genug gewesen wäre, hätte er ihn mit gutem Brunnenwasser auf die doppelte Menge gestreckt. Da dies aber den naschsüchtigen Kelten dann wieder zu wenig süß erschienen wäre, hätte er nun eine gute Portion Waldhonig, mit etwas Wasser gemischt, langsam und sanft erwärmt, aber nicht aufgekocht, und zur Hauptflüssigkeit dazugerührt. Dann hätte der Druide wiederum gekostet und nach einem wohlgefälligen Heben der buschigen Augenbrauen den großen Tontopf wieder sorgfältig zugebunden und weiter unter Verschluß gehalten. Bis wieder ein Problem mit den Römern den Dorfrat unter Leitung des Häuptlings Majestix beschäftigt hätte. Jetzt hätte der Druide wohl jedem der keltischen Ratsherrn, sogar dem Troubadix, ein kleines Quantum dieses Likörs ausgeschenkt, sozusagen als kulinarische Beratungshilfe. Denn, wie sagte viel, viel später einer der letzten Drui-

den, ein gewisser Wilhelm Busch, in seinen Schriften doch so richtig: „Wer Sorgen hat, hat auch Likör!" Eine druidische Weisheit, die Miraculix natürlich schon längst von seinen Lehrern her kannte.
Lassen wir die Fantasie einmal friedlich so stehen. Und denken wir nicht darüber nach, was der Druide noch hineinmischen müßte – vom Fliegenpilzextrakt bis zum Stechapfelsaft –, um daraus jenen Kampftrunk zu mischen, der vielleicht später benötigt würde . . .
Übrigens, das Grundrezept für diesen Miraculix-Likör ist in den folgenden Rezepten unter dem Haupttitel „Hauslikör" zu finden. Und keine Sorge: Der Genuß eines Gläschens führt nicht dazu, sofort die Zimmerausstattung mit übernatürlicher Kraft zu verwüsten.

PRAKTISCHES & NÜTZLICHES FÜR DIE HEIMISCHE LIKÖRERZEUGUNG

Vorweg sei festgehalten, daß alle folgenden Rezepte und andere Hinweise auf Methoden und Vorgangsweisen ausschließlich auf eine praktische, häusliche Herstellung von Ansatzschnäpsen und Likören abzielen. Wer nicht nur für sich selbst oder als kleines Geschenk für Freunde und Bekannte Liköre herstellt, sondern für den öffentlichen Verkauf, sei es ab Hof oder auf karitativen Märkten, unterliegt mit seinen Produkten einer europäischen Gesetzgebung, der zu entsprechen ist. Dies betrifft die Einhaltung genauer Prozentsätze für Alkoholgehalt, die gesetzlich vorgeschriebene Auszeichnung der Inhaltsstoffe und vieles andere mehr. Im Bedarsfall sind alle diese Vorschriften einzuhalten.

Raum- und Platzbedarf

Arbeitsplatz

Der ist natürlich davon abhängig, wie viele Ansatzliköre Sie innerhalb einer Saison bereiten und wie lange Sie diese lagern müssen oder möchten. Gewöhnlich genügt für die einzelnen Arbeitsschritte ein guter, stabiler, standfester Küchentisch oder eine entsprechend große Arbeitsfläche. Wichtig ist, daß die Arbeitsflächen leicht abwisch- und abwaschbar sind, weil doch manchmal etwas verschüttet wird. Günstig ist es, wenn sich eine Spüle in der Nähe der Arbeitsfläche befindet, weil oft etwas gewaschen oder gesäubert werden muß. Und da Verbindung zu einer Kochstelle nötig ist, weil z. B. Zuckerlösungen herzustellen sind, bietet es sich selbstverständlich an, den Likör-Arbeitsplatz gleich in der Küche einzurichten. Aber auch die Adaption eines Hobbyraums für alle diese Erfordernisse ist durchaus denkbar. Der Arbeitsplatz sollte auf jeden Fall eine gute Beleuchtung haben, am besten ist Tageslicht. Denn bei schlechtem Kunstlicht ist das Prüfen von Farben, Trübungen oder Schlieren in den Flüssigkeiten nicht leicht. Da manchmal stark duftende Essenzen umgefüllt, filtriert oder gemischt werden müssen, da Alkohol bei bestimmten Arbeitsschritten auch län-

ger offen verwendet werden muß, sollte dieser Arbeitsplatz auch gut belüftbar sein.
Vorsicht, bei der Arbeit mit hochprozentigem Alkohol können feuergefährliche Dämpfe entstehen! Rauchen und offenes Feuer wäre hier sehr gefährlich. Nebenbei gesagt, bei der Arbeit mit aromatischen Stoffen ist Rauchen sowieso zu unterlassen, weil es die Aromen und auch die Geschmacksfähigkeit des Prüfenden stark beeinträchtigt.

Aufstellungsort für den Ansatz

Für die Ansatzgefäße werden in den Rezepten meist warme und sonnige Aufstellungsorte gefordert. Südseitige Fensterbretter sind im Haushalt hier der idealste Aufstellungsort. Wer Ansatzgefäße im Freien (z. B. im Garten) aufstellt, muß diese Aufstellungsorte gut sichern (z. B. durch Maschendrahtverschläge), damit die Gefäße nicht durch Windstöße umkippen oder von allzu neugierigen Gartenbesuchern (Katzen, Eichhörnchen etc.) beschädigt werden. Als Faustregel für den Platzbedarf kann man fünf Ansatzgefäße auf eine Fensterbrettbreite bequem rechnen.

Lagerorte für Filtrate, Geiste und reifende Liköre

Für filtrierte Essenzen, abgezweigte Kräutergeiste oder Likörmischungen, die zur endgültigen Reife noch Wochen und Monate ruhen müssen, sowie für den Vorrat von Ansatzkorn braucht es keine tageslichtreichen, sonnigen Standorte. Hier sind Regale in auch dunklen Räumen mit gleichmäßiger, kühler Temperatur gerade richtig. Bei den Regalen ist ebenfalls auf absolute Standfestigkeit zu achten, Regaltiefen von 30 cm sind meist ausreichend. Die Regalflächen sollen ebenfalls leicht abwischbar sein. Grundsätzlich sind alle Aufbewahrungsorte sauber zu halten. Die Romantik von spinnwebenumflorten, bauchigen Flaschen zwischen Totenschädeln und Fledermausflügeln ist besser Gruselfilmen zu überlassen. Für den durchschnittlichen Haushalt werden Regalflächen von insgesamt zwei bis vier Laufmetern ausreichend sein. Wichtig ist, daß solche Lagerorte versperrbar oder anders gesichert sind. Die Praxis zeigt, daß es stets eine interessierte Gruppe von ungebetenen Testern gibt, die solche Kostbarkeiten zwischendurch einmal prüfen wollen. Und besonders vor Kleinkindern sind die Vorräte sicher zu verschließen. Vor allem weil fertige Liköre nicht nur eine schöne Farbe haben, sondern auch süß schmecken.

Ansatzgefäße und Geschirre

Da die meisten Ansätze entsprechend den Rezepturen nicht nur Wärme, sondern auch Sonnenlicht brauchen, empfehlen sich als beste Ansatzgefäße die sogenannten „Gurkengläser“ aus hellem Glas. Das sind zylinderförmige, ca. zwei bis drei Liter fassende Glasgebinde mit weiter Öffnung. In ihnen werden handelsüblich eingelegte Gurken, Tomaten, Pfefferoni in den Verkauf gebracht. Aber es können im gut sortierten Geschirrhandel auch entsprechende Glasgefäße von ähnlicher Form erstanden werden. Eine weitere Möglichkeit ist es, als Ansatzgefäße sogenannte „Einsiedegläser“ zu verwenden. Die sollten aber doch zwei Liter Fassungsvermögen haben. Im Zweifelsfall sind immer helle Glasgefäße zu bevorzugen, denn wenn eine Rezeptur einmal einen lichtarmen oder ganz dunklen Ansatz verlangt, ist es sehr einfach, dies durch Umwickeln mit Papier oder Alufolie zu realisieren. In diesem Fall können natürlich auch Keramikgefäße verwendet werden, wie z. B. die praktischen Steinguttöpfe mit Deckel, die manchmal auch als „Rumtöpfe“ direkt so beschriftet sind.

In jedem Fall wird der Ansatz mit mehrlagigem Pergamentpapier, Alufolie, gutem Einmach-Zellophan („Einsiedehaut“) oder den Deckeln der Einweckgläser gut und dicht verschlossen. Zur Sicherheit werden die Verschlüsse mit breiten Gummiringen befestigt oder mit Schnur sorgfältig zugebunden. Ein Vorteil von glasklaren Ansatzgefäßen ist auch, daß während der Ansatzzeit der Inhalt beobachtet werden kann. So wird immer rechtzeitig erkannt, wenn der Flüssigkeitsspiegel sinkt und daher mit Wasser oder Alkohol aufgegossen werden muß, damit die Früchte wieder bedeckt sind.

Kurz etwas Grundsätzliches zur *Ansatzdauer:*

Die in den Rezepturen angegebenen Tage oder Wochen für die Bereitung des Ansatzes sind unter Optimalbedingungen völlig ausreichend. Diese Zeit müßte nur verlängert werden, wenn einmal die Licht- oder Wärmeverhältnisse unter dem Nötigen geblieben wären. Die im Volksmund weitergegebene Weisheit, ein Ansatz würde sich durch sehr langes Stehen noch verbessern, ist schlichtweg falsch. Wenn z. B. ein Nußansatz zwei oder drei Jahre lagert, wird er möglicherweise sogar verdorben sein, aber in keinem Fall mehr Wirkstoffe beinhalten als nach der von der Grundrezeptur vorgesehenen Zeit.

Und auch einem zweiten Irrglauben soll hier widersprochen werden. Nämlich daß es zweckmäßig sei, nach dem Abgießen des ersten Ansat-

Ansätze in verschiedenen Gefäßen (v. l. n. r.): Preiselbeerlikör, Orangenlikör, Wacholderlikör, Himbeerlikör

zes mit denselben Frucht-, Nuß- oder Gewürzinhalten durch Hinzufügen von frischem Alkohol noch einmal einen zweiten Ansatz „aufzugießen“. Möglich, daß noch genug Farbstoff vorhanden ist, auch etwas vom Geschmack wird noch herauszulaugen sein, aber dieser zweite Ansatz ist in jedem Fall ungenügend.

In der weiteren Folge der Arbeitsschritte sollten als Grundgeschirrausrüstung zur Verfügung stehen:

- einige große Schüsseln (Emailware oder Kunststoff),
- einige Siebe, vom sogenannten Nudelsieb mit gröberer Lochung bis zum Drahtsieb mit feinstem Maschengeflecht.
- Für Abseihvorgänge werden die Siebe auch gerne mit Seihtüchern ausgelegt, das sind Stoffe, die im Fachhandel erhältlich sind und auf die richtige Größe zugeschnitten werden können.
- Wichtig ist auch die Bereitstellung von zwei großen, durchsichtigen

Meßbechern von zumindestens 0,5 l Fassungsvermögen, um Flüssigkeiten auszumessen bzw. in der entsprechend notwendigen Menge vorzubereiten.
- Weiters ist eine Garnitur Einfülltrichter empfehlenswert, die für das Abfüllen in Flaschen, aber auch für Filtriervorgänge verwendet werden können.

Bei allen Geschirren genügt solide Haushaltsqualität, es müssen keine professionellen Edelstahlausführungen sein.
Grundsätzlich ist für die Sauberkeit der Arbeit, der Geschirre und des Arbeitsplatzes zu sorgen. Dabei wird oft der Fehler gemacht, zum Trockenwischen, zur Gebindereinigung, auch für Sieb- und Filtriervorgänge gute Geschirrtücher zu verwenden. Nun sind aber viele Ansatzflüssigkeiten nicht nur von großem Aroma, sondern auch von bester Färbungsqualität. Flecken von Nußessenz sind auch durch mehrmaliges Waschen in der Waschmaschine nicht mehr herauszubekommen. Es empfiehlt sich daher, für alle diese Säuberungsarbeiten stets einen ausreichenden Vorrat von Küchenpapier zur Hand zu haben.

Filtrieren und abziehen

Je nach Rezeptur werden sowohl die vorerst sauber abgeseihten Ansätze als auch später die fertigen Abmischungen mit Zuckerlösung einer Filtration unterzogen. Im Haushalt, dem die professionellen Kohlefilter des Gewerbes und der Industrie natürlich nicht zur Verfügung stehen, gibt es hier ein ganz einfaches und doch wirkungsvolles Werkzeug. Die herkömmlichen Kaffeefiltertüten, in den entsprechenden Kaffeefiltereinsätzen verwendet, geben gute Ergebnisse. Es braucht natürlich etwas Geduld, das Volumen der Filtertüten nicht zu überfüllen und das langsame Durchlaufen abzuwarten. Bei Verwendung der handelsüblichen Filtertütenhalter wird als Sammelgefäß ein Glasbehältnis benötigt, auf das diese Halterung paßt. Soll direkt in Flaschen abfiltriert werden, kann eine Kaffeefiltertüte auch in einen Trichter gesteckt werden, der groß genug ist. Eine weitere Möglichkeit ist es, aus im Fachhandel gekauftem Filterpapier selbst eine Filtertüte zu falten und diese in einen Trichter einzulegen. Je nach zu filtrierenden Flüssigkeiten und Flüssigkeitsmengen empfiehlt es sich, die Papierfiltertüten öfter zu wechseln, da sie sich relativ rasch verstopfen.
Eine weitere Methode, aus Ansätzen oder Fertiglikören Schwebstoffe

oder Trübungen zu entfernen, ist zeitaufwendiger, läßt sich aber meist mit der nötigen Ruhe- und Reifezeit des Likörs praktisch verbinden: Wenn die abgefüllten Flaschen, ohne viel bewegt zu werden, mehrere Wochen ruhig stehen, senkt sich der sogenannte Trub nach den Gesetzen der Schwerkraft in Richtung Flaschenboden ab. Nun ist es mit einigem Geschick und einem dünnen Schlauch aus Gummi oder durchsichtigem Kunststoff möglich, den klaren Anteil aus der Flasche in eine andere Flasche „abzuziehen". Dies erfordert einige Übung, die am besten an mit Wasser gefüllten Flaschen geprobt werden sollte. Der dünne Schlauch ist mit einem Ende in die volle Flasche so weit einzuführen, daß der trübe Bodensatz nicht erreicht wird. Dann ist die Flüssigkeit über das andere Ende zügig mit dem Mund in den Schlauch einzusaugen und das Schlauchende vom Munde weg schnell in eine leere Flasche einzuführen, die tiefer als die abzuziehende Flasche steht. Den Rest besorgen die Schwerkraft und die Gesetze der Physik. Nochmals, es erfordert Geschick und Übung, denn jede unnötige Erschütterung der abzuziehenden Flasche wirbelt den Bodensatz auf, oder eine andere ungeschickte Manipulation könnte ihn sogar in die andere Flasche mitziehen. In so einem Fall müßten eben wieder einige Tage bis zum nächsten Versuch abgewartet werden. Grundsätzlich sind Schweb- und Trubstoffe nur Schönheitsfehler, keine Geschmacksprobleme. Sie könnten also unter dem Motto „naturtrüb" auch in den fertigen Likören bleiben. Aber in den meisten Fällen wird ja ein optisch schönes Endprodukt erst den Ehrgeiz der Likörmeister befriedigen.

Flaschen und Karaffen

Für die einzelnen Arbeitsschritte der jeweiligen Rezepturen und für Lagerung und Reifung der Endprodukte braucht es selbstverständlich Flaschen, die gut verschlossen werden können, handliche Größe und das gewünschte Fassungsvermögen besitzen und eine gute Standfestigkeit haben. Denn Ansätze und Liköre werden stehend aufbewahrt. Am praktischsten ist es, jene Flaschen zu verwenden, in denen der Ansatzalkohol gekauft wurde. Das sind meist glasklare 1-l-Flaschen mit gut dichtendem Schraubverschluß. Der Vorteil dieser Flaschen ist es vorerst einmal, daß sie nicht aufwendig gesäubert werden müssen, weil ihr erster Inhalt bereits die erforderliche Reinheit garantiert. Grundsätzlich müssen alle anderen Flaschen, wo immer sie auch her-

Moderne Likörkaraffen – schlichte, elegante Formen für bunte Inhalte. V. l. n. r.: Pfefferminzlikör, Hauslikör, Quittenlikör, Aprikosenlikör, Kirschenlikör

stammen, vor jeder Verwendung sauber ausgewaschen und gut getrocknet werden. Es dürfen keine Spuren von vorigen Inhalten verblieben sein, und es dürfen keine wie immer gearteten Gerüche in den Flaschen „hängen". Wenn die Flaschen keine praktikablen und unbeschädigten Schraub- oder Klemmverschlüsse haben, so sind sie mit fest sitzenden Korken dicht zu verschließen.
In diesem Zusammenhang ist dringend darauf hinzuweisen, daß auch ein entsprechender Vorrat von *Klebeetiketten* für Beschriftungen zur Verfügung stehen muß. Darauf sollen leserlich immer der jeweilige Inhalt, das Einfülldatum und eventuell noch andere Informationen vermerkt werden. Denn viele Ansätze haben zum Beispiel durchaus ähnliche und verwechselbare Farben. Und eine „Abenteuermischung" aus verwechselten Vorräten führt meistens nicht zur Entdeckung neuer Klostergeheimnisse, sondern zu unangenehmen Effekten. Gleichzeitig

muß auch mit einem Blick auf die Flasche festgestellt werden können, wie lange ihr Inhalt schon ruht oder reift. Über die nötige Sicherung und Versperrung der Vorräte wurde schon geschrieben.
Eine andere Überlegung ist es, in welchen Flaschen die so sorgfältig und aufmerksam gestalteten Liköre vielleicht Freunden oder Gästen präsentiert bzw. verschenkt werden können. Es empfiehlt sich, auch hier wieder Flaschen aus hellem Glas zu wählen, damit die schöne Farbe des Inhalts zur Geltung kommt. Grundsätzlich werden heute für Liköre gerne elegante, schlanke, hohe Flaschen mit meist 0,35 bzw. 0,7 l Inhalt gewählt.
Als Verschluß ist auf jeden Fall ein gut sitzender Korken empfehlenswert. Dieser kann mit einer entsprechenden Dekoration, einem darüber gebundenen Tüchlein oder einer darüber geschobenen Steckhülle noch optisch verschönert werden. Zur Etikettierung: Es ist heute modisch geworden, auf einfache, hochformatige Papieretiketten mit schöner persönlicher Handschrift zu schreiben. All dies ist natürlich nur als zeitgemäße Empfehlung zu verstehen. Es steht jedem Likörschöpfer frei, seinen eigenen Gestaltungswillen hier auszuleben.
Zum Kredenzen der Liköre bei Tisch gehört aber nun wirklich eine passende, elegante Karaffe mit geschliffenem Glasstopfen. Auch hier gelten heute schlichte und klare Formen mehr als „pseudobarocke Preßglaskreationen“. Da Liköre ja zumeist nicht gekühlt, sondern mit Zimmertemperatur genossen werden, stellt die Aufbewahrung in einer Karaffe ja kein technisches Problem dar.

Noch einige Rohstoffüberlegungen …

Alkohol

Es ist heute kein großes Problem mehr, geeigneten Ansatzalkohol, der rein und für die meisten Rezepturen geschmacksneutral sein soll, im Handel zu erhalten. Der sogenannte Ansatzkorn wird in den Stärken 40% und 80% angeboten, der sogenannte Weingeist (auch Sprit) mit 96%. Die für besondere Rezepte erforderlichen Weinbrände, Wodkas oder Gins sind in allen erforderlichen Qualitätsstufen im Handel.

Wasser

Wasser wird vor allem dazu benötigt, um aus hohen Alkoholkonzentrationen jene Stärke zu mischen, die für den Ansatz oder die Endabmischung bzw. zum Bereiten einer Zucker- oder Honiglösung nötig ist. Daher soll das Wasser nicht nur einwandfrei und rein, sondern auch möglichst geschmacksneutral sein. Früher nannte man das „brunnenfrisches Wasser", aber wo gibt es das heute noch? Wenn das öffentliche Wassernetz nicht eine entsprechende Qualität liefert, so ist es ratsam, eher im Handel befindliches Tafelwasser oder destilliertes Wasser zu verwenden.

Zucker

Zucker und Honigsorten sind ebenfalls in ausreichender Qualität erhältlich. In den meisten Rezepturen wird auf den normalen, raffinierten Rübenzucker – Kristall- oder Würfelzucker – hingewiesen. Daraus gekochte Zuckerlösungen geben nun tatsächlich den Likören einen „guten Körper" und entsprechende Süße. In der Zeit der alternativen Küche kam allerdings der raffinierte Zucker sehr in Verruf. Der Einsatz von gelbem oder braunem Zucker mit jeweils höherem Melassegehalt kann aber trotz der Höherwertigkeit des Nahrungsmittels einige Probleme bringen. Zuckerlösungen, die daraus gekocht werden, ergeben Farb- und Geschmacksveränderungen, die nicht zu jeder Essenz passen. Was andererseits wieder zur „Nachfärbung" einer zu hell geratenen Nuß- oder Tee-Essenz nützlich sein könnte. Und alle diese Überlegungen gelten natürlich auch für den vollwertigsten Süßstoff, den es im Handel gibt, den echten, braunen Rohrzucker. Auf den richtigen Einsatz und Umgang mit Honig als Süßstoff wird bei den einzelnen Rezepturen detailliert hingewiesen.
Grundsätzlich werden heute für den modernen Geschmack Liköre nicht mehr so süß fertiggestellt, wie es früher gewünscht wurde. Denn die Erzeugung von zuckerstarken „Klebern", mit denen man Briefkuverts verschließen könnte, führt ja zum fast völligen Zudecken des feinen Frucht-, Nuß- oder Kräuteraromas. Da der Heimhersteller von Likören nicht an gesetzliche Mindestinhalte gebunden ist, hat er den Vorteil, weniger süße, aber dafür aroma- und geschmacksstarke Liköre herstellen zu dürfen. Dasselbe gilt im Prinzip für die Endmischung bezüglich der Trinkstärke. Ein feiner, aromatischer Likör braucht keine 60% Alkoholgehalt und auch nicht die handelsüblichen 38–40%. Denn auch das Brennen am Gaumen tötet Aroma und Geschmacksempfinden ab. Empfehlenswert ist: Je feiner das Aroma, desto eher liegt eine gute Alkoholstärke bei nur 25–30%.

Ermunterung

Wer mit ersten Erfolgen sich selbst, Freunden und Gästen einen wohlschmeckenden, selbstgemachten Likör oder Ansatzschnaps aus dem Garten der Natur vorsetzt, dessen Stolz, aber auch dessen Ehrgeiz wird durch Anerkennung wachsen. Und dann kann es schon sein, daß die Lust steigt, ein bißchen zu experimentieren, eigene Geschmackskompositionen und Aromanuancen zu finden. Jetzt tritt die heimische Likörmeisterin oder der häusliche Natur-Alchemist in die Entdeckerphase ein, die besonders viel Spaß macht. Selbstverständlich wird nicht alles sofort zum Spitzenprodukt geraten. Aber mit der Zeit können unverwechselbare, sehr persönliche „Hausmarken" im Familien- und Freundeskreis berühmt werden. Andererseits wäre es töricht zu versuchen, einen Chartreuse, eine Benedictine, einen Cointreau nachzumachen. Selbst wenn dies gelänge, wäre es doch kein Erfolg – es gibt sie ja schon. Doch mit eigenen Kreationen zum unverwechselbaren Miraculix zu werden, das steht jedem interessierten und engagierten Likör-Compositeur offen. Dazu viel Erfolg!

LIKÖRE
AUS FRÜCHTEN UND BEEREN

APFEL

Die Heimat unseres Speiseapfels ist Asien, um das Jahr 800 hat Karl der Große die Pflanzung von Apfelbäumen in den deutschen Ländern angeordnet. Aufgrund der vielen Sorten, die es – noch! – gibt, reicht die Erntezeit vom frühen Sommer bis in den späten Herbst.
Apfelsaft und Apfelschalentee haben die Großmütter gerne zubereitet, Apfellikör wurde erst in jüngster Zeit modern. Zur Bereitung des aromatischen Likörs eignen sich vollreife, süße Äpfel genauso wie die säuerlichen Sorten. Probieren Sie jene Sorte, die Ihnen auch als Speiseapfel zusagt.
Grundsätzlich gilt bei Apfellikör: rasch arbeiten, damit die Äpfel nicht braun werden. Bereiten Sie daher alles gut vor, damit die Äpfel rasch mit Alkohol bedeckt sind.

Für den Ansatz: Etwa 0,75 kg Äpfel, 1 l Kornbranntwein 40%, event. 2–3 Gewürznelken und ein kleines Stück einer Zimtstange.

1 Äpfel mit einem Tuch gut abreiben, nicht waschen. Die Äpfel halbieren, vom Kerngehäuse befreien, in größere Spalten teilen. Die Äpfel dürfen nicht geschält werden, Apfelschalen geben dem Likör Geschmack.

2 Früchte und Gewürze in ein Ansatzgefäß (Glas oder Keramik) geben, mit Korn übergießen. Die Äpfel müssen gut mit Korn bedeckt sein.

3 Gefäß gut verschließen und an einen warmen Ort stellen. Am besten eignet sich ein Fensterbrett, auch ein wind- und regengeschützter Platz an der Hauswand im Freien ist durchaus geeignet.

4 Nach 4–5 Wochen den Ansatz abfiltrieren. Das erfolgt am besten in zwei Schritten: zuerst durch ein grobes Sieb (Spitz-, Suppensieb), dann durch einen Papierfilter.

5 Nun muß der Apfelansatz verkostet und je nach Geschmack verfeinert werden. In manchen Fällen wird er bereits süß genug sein, aber zu stark: Verlängern Sie mit reinem Wasser. Ist der Likör zu säuerlich: Bereiten Sie eine Zuckerlösung. Ist er zu süß, verlängern Sie mit Wasser und/oder Korn. Sollte der Apfellikör zu wenig aromatisch sein, müssen Sie den Ansatzvorgang wiederholen: noch einmal Äpfel schneiden und im Likör ein zweites Mal ansetzen. Jeder Apfel reagiert anders, es läßt sich daher kein „Einheitsrezept“ angeben. Das ist auch wiederum das Besondere am Apfellikör: Keiner schmeckt gleich!

6 Den fertig abgemischten Likör in Flaschen füllen, gut verschließen. Nun sollte der Likör Zeit zum Reifen bekommen, zumindest 3 Monate. Erst dann schmeckt er wirklich „rund“.

Variation: Apfellikör läßt sich auch aus Apfelsaft erzeugen. Allerdings muß es ein „hausgemachter“ Saft sein, kein industrieller!
0,5 l Apfelsaft wird mit 0,25 ml Korn oder Apfelbranntwein vermischt. Meist empfiehlt sich eine Verbesserung durch Zusetzen von Zuckerlösung und ein wenig Zitronensaft. Diese Likörbereitung erfolgt wesentlich rascher, vom Aroma und Geschmack her ist aber das Selberansetzen vorzuziehen.

Tip: Feinschmecker setzen dem Apfellikör beim Abschmecken und Verfeinern einen Schuß Apfelbranntwein oder Calvados zu.

APRIKOSE (MARILLE)

Die Aprikose ist in China seit 4000 Jahren bekannt. Die Römer haben sie aus Kleinasien nach Mitteleuropa gebracht. Die Aprikose liebt sonnige Gebiete mit mildem Klima, in allen Weinbaugebieten fühlt sie sich wohl. Gerne wird ein Aprikosenbaum im privaten Garten gepflanzt. Eine Aprikose oder Marille, vollreif vom Baum gepflückt und gegessen, schmeckt immer noch am besten.
Zur Likörbereitung eignen sich Aprikosen, die vollreif, aber unversehrt sind. Angeschlagene oder braune Aprikosen sollen nicht zum Ansatz verwendet werden. Sind die Aprikosen wiederum noch zu fest und nicht vollreif, entwickeln sie nicht das köstliche Aroma. Wenn Sie keinen Aprikosenbaum im Garten haben, kaufen Sie die Früchte am besten auf einem Bauernmarkt. Erklären Sie der Bäuerin, wofür Sie die Aprikosen brauchen, sie wird Ihnen die geeigneten Früchte aussuchen.
Achtung bei der Likörbereitung: Bei der folgenden Verarbeitung färben sich die Aprikosen leicht braun, sie sind aber deshalb nicht verdorben. Das ist ein reiner Schönheitsfehler.

Für den Ansatz: 1 kg Aprikosen, 1 l Kornbranntwein 40%, 3–5 Gewürznelken, 1/2 Zimtstange, eventuell einige Zitronenscheiben.

1 Aprikosen säubern. Wenn Sie die Aprikosen waschen, müssen sie anschließend gut getrocknet werden. Aprikosen entsteinen, die Steine wegwerfen.

2 Früchte und Gewürze in ein Ansatzgefäß aus Glas oder Keramik geben, mit Korn aufgießen. Die Früchte müssen auf jeden Fall gut mit Flüssigkeit bedeckt sein.

3 Gefäß luftdicht verschließen, am besten mit Einmach-Zellophan oder einem zum Gefäß passenden Schraubverschluß. An einen warmen Ort stellen und „ziehen“ lassen.

4 Nach 2–3 Wochen den Ansatz abgießen und filtrieren.

5 Eine Zuckerlösung kochen, z. B. aus 200 g Zucker und 250 ml Wasser, und abgekühlt mit dem Ansatz vermischen. Nun muß der Likör verkostet und nach Geschmack verfeinert werden: Zu hoher Alkoholgehalt wird durch Zugabe von reinem Wasser vermindert, zu geringer Alkoholgehalt durch Zugabe von 40%igem Korn, ist der Likör zu wenig süß, kommt noch Zuckerlösung dazu.

6 Den fertig abgemischten Likör in Flaschen füllen, gut verschließen und einige Monate – auf jeden Fall aber 3–4 – reifen lassen.

Auf dieselbe Art wird übrigens der Pfirsichlikör bereitet. Für den Ansatz sind die kleinen Weingartenpfirsiche besonders zu empfehlen. Diese wirken zwar neben den schönen, großen, samthäutigen Pfirsichen unscheinbar, sind aber von unvergleichlich besserem Geschmack und fantastischem Aroma.

Ansatz für Pfirsichlikör

BIRNE

Die Vorfahren unserer heimischen Birnen kommen aus dem Kaukasus. Heute ist die Birne eine der wichtigsten Obstsorten geworden. Von den Kernobstarten ist sie die saftigste. Auch wenn die Schale manchmal hart oder gar ledrig ist, schmecken fast alle Birnen süß.
Für den Birnenlikör benötigt man vollreife, saftige Birnen, wie sie in den Obstläden selten, im Supermarkt praktisch nie zu bekommen sind, denn solche Birnen lassen sich nicht lange lagern. Am besten besorgen Sie die Birnen aus einem privaten Garten oder vom Bauernmarkt.
Für den Birnenlikör werden die Birnen vorher gekocht. Denn verwendet man sie roh, werden sie sehr leicht braun, und das Aroma des Likörs leidet darunter.

Für den Ansatz: 1 kg Birnen, 1 l Kornbranntwein 80%, 1/2 Stange Vanille, 250 g Zucker, etwa 0,5 l Wasser, Saft einer Zitrone.

1 Der Zucker wird unter öfterem Umrühren mit dem Wasser kurz aufgekocht.

2 Die Birnen werden geschält, entkernt, in Stücke geschnitten und in die Zuckerlösung gegeben. Vanillestange der Länge nach aufschneiden und beifügen. Etwa fünf Minuten sanft köcheln lassen. Zitronensaft beigeben und das Kompott abkühlen lassen.

3 Das Birnenkompott in ein Ansatzgefäß geben – am besten ein durchsichtiges Glasgefäß – und mit dem Alkohol aufgießen. Die Früchte müssen gut mit Alkohol bedeckt sein.

4 Das Glas gut verschließen und sanft durchschütteln. An einen lichten Ort stellen – am besten auf ein Fensterbrett –, damit die Sonne das Glas gut bescheinen kann. 4–6 Wochen stehen lassen, dabei von Zeit zu Zeit das Glas leicht schütteln.

5 Nun wird der Ansatz filtriert, am besten durch ein Küchentuch. Wenn Sie die Naturtrübe des Likörs stört, lassen Sie den filtrierten Ansatz zwei Tage stehen. Dann haben sich die Schwebstoffe gesetzt und Sie können erneut filtrieren, diesmal durch einen Papierfilter, ohne aber den Bodensatz auszugießen. Dieser Vorgang kann im Abstand von ein, zwei Tagen mehrmals hintereinander wiederholt werden, bis der Anatz geklärt ist. Sie können den Likör aber auch durchaus „naturtrüb" belassen.

6 Nun muß der filtrierte Ansatz abgeschmeckt werden. Je nach Wunsch können Sie mit Zuckerwasser versüßen, mit reinem Wasser den Likör leichter machen oder mit etwas Korn (40%) den Alkoholgehalt erhöhen.

7 Den fertig abgemischten Likör in Flaschen füllen und gut verschließen. Der Likör sollte nun Zeit bekommen, um zu reifen. Zumindest 3 Monate, besser ein halbes Jahr. Es ist durchaus möglich, daß sich in dieser Zeit wieder Trubstoffe am Flaschenboden absetzen.

Variation: Das gekochte Birnenkompott kann auch statt in Kornbranntwein in Birnenbranntwein angesetzt werden. Das verfeinert das Aroma, ist aber teuer.

Tip: Wenn Sie beim Abschmecken des Likörs ein Gläschen Williamsbirne oder Weinbrand zur Hand haben, können Sie den Geschmack abrunden.

BROMBEERE

Die Brombeersträucher sind Kinder des Waldes. Zwar werden sie gerne auch in Gärten angebaut, die Früchte mit dem ausgeprägtesten Aroma aber findet man an Waldrändern und Waldwegen. Die Brombeeren sind – je nach Sorte – dunkelrot bis schwarz. Daß sie vollreif sind, erkennt man daran, daß sie sich ganz leicht von den Stielen lösen lassen. Auch viele Waldtiere lieben die köstlichen Früchte. Daher müssen die gesammelten Waldbrombeeren vor dem Ansetzen gründlich nach kleinen Käfern oder Würmern abgesucht und auf jeden Fall sorgfältig gewaschen werden. Beim Brombeerpflücken empfiehlt sich robuste Kleidung, nicht zufällig wird die Brombeere auch Bromedorn oder Kratzbeere, schlesisch Kroatzbeere, genannt. Wenn Sie schon dabei sind, könnten Sie auch Brombeerblätter ernten und daraus im Aufguß einen wohlschmeckenden Tee bereiten. Die Beschaffenheit der Brombeerblätter gibt Auskunft darüber, wo die Sträucher wachsen: Auf trockenen Standorten ist die Blattunterseite behaart, an feuchten Standorten ist sie glatt. Die Brombeerfrüchte selbst sind reich an Vitamin C, ihnen wird eine beruhigende und entspannende Wirkung nachgesagt.

Für den Ansatz: ca. 0,5 kg Brombeeren, 1 l Kornbranntwein 40%, 3–5 Gewürznelken, ca. 5 Pimentkörner (Neugewürz), eventuell etwas Zitronenschale.
Wenn Sie weniger Brombeeren gepflückt haben, versuchen Sie den Ansatz dennoch. Reduzieren Sie einfach die Alkoholmenge.

1 Brombeeren gut verlesen, waschen, gut abtropfen lassen und mit Küchenpapier sanft trockentupfen.

2 Früchte und Gewürze in ein Ansatzgefäß aus Glas oder Keramik geben. Mit dem Alkohol aufgießen, so daß die Brombeeren gut bedeckt sind.

3 Gefäß gut und dicht verschließen und an einen warmen Ort stellen. Das Gefäß muß nicht in der Sonne stehen, aber in gleichbleibender Wärme, etwa bei 17–25 Grad. Nun kann der Ansatz „ziehen“. Das Gefäß sollte von Zeit zu Zeit – zweimal die Woche reichen hier völlig – leicht geschüttelt werden.

4 Nach 6–8 Wochen den Ansatz abgießen und filtrieren.

Aus Brombeeren lassen sich vielerlei Köstlichkeiten zubereiten: hier Brombeerlikör, Brombeerkompott und Brombeerpfannkuchen.

5 Sie sollten den Ansatz nun auf jeden Fall kosten. Oft sind Brombeeren sehr süß, dann erübrigt sich das Hinzufügen von Zucker. Ist das nicht der Fall, kochen Sie eine Zuckerlösung z. B. aus 150 g Zucker und 200 ml Wasser. Die Zuckerlösung abkühlen lassen und mit dem Ansatz vermischen.

6 Nun muß verkostet und verfeinert werden: Ist der Likör zuwenig süß, setzen Sie noch Zuckerlösung zu. Ist er zu stark, verlängern Sie mit reinem Wasser. Verträgt der Likör noch einen Schuß Alkohol, setzen Sie Korn zu.

7 Den abgemischten Likör in Flaschen füllen und gut verschließen. Der Brombeerlikör sollte nun auf jeden Fall 2 Monate reifen, damit sein Geschmack schön rund wird.

Variation: Brombeerlikör wird sehr gerne aus Brombeersaft gemacht. Dazu benötigt man allerdings größere Mengen Brombeeren.
Grundsätzlich lautet das Rezept: 0,5 l Fruchtsaft, 0,5 l Kornbranntwein 40% oder Weinbrand, 200 g Zucker, 1 Päckchen Vanillezucker.
Den frisch bereiteten Brombeersaft (aus dem Entsafter oder Dampfentsafter) mit Zucker und Vanillezucker vermischen und unter mehrmaligem Umrühren einmal aufkochen. Abkühlen lassen. Mit Alkohol vermischen, in Flaschen füllen und 6–8 Wochen ruhen lassen.

Tips:

- Honig paßt gut zu Brombeeren. Statt Zucker etwas Honig in wenig Wasser erwärmen und beifügen. Allerdings ist der Likör dann nicht ganz klar, denn der sanft erhitzte Honig bildet gerne Schlieren. Sie können den Honig auch aufkochen, dann wird der Likör klar, der Honig aber verliert einige seiner guten Wirkstoffe.
- Feinschmecker schwören darauf: Ein Gläschen Whisky am Schluß beigemischt ist für den Brombeerlikör das Tüpfelchen auf dem i!

ERDBEERE

Erdbeeren sind auf allen Kontinenten daheim. Es gibt unendlich viele verschiedene Sorten, trotzdem schmeckt jede von ihnen anders. Bei den modernen Erdbeersorten kommt es heute darauf an, daß sie transportfest sind. Viele Sorten halten daher länger und bleiben fest. Leider geht dabei oft der feine Geschmack und das köstliche Aroma der Früchte verloren. Für Ihren Likör suchen Sie am besten Erdbeeren, die keine weite Reise antreten mußten. Vielleicht finden Sie Erdbeeren, die zwar nicht groß und prächtig aussehen, aber dafür wunderbar schmecken – nur das zählt. Am köstlichsten sind natürlich die süßen Walderdbeeren mit ihrem lieblichen Geruch, allerdings dauert es eine Weile, bis man die entsprechende Menge der kleinen Früchte gesammelt hat. Außerdem – auch die Waldtiere lieben sie, daher sind diese Erdbeeren oft angeknabbert.

Welche Erdbeeren auch immer Sie verwenden, sie müssen auf jeden Fall intensiv rot sein, vollreif, aber frisch. Jede Druckstelle muß großzügig ausgeschnitten werden.

Das Aroma der Erdbeere ist intensiv, aber flüchtig. Bei der Bereitung des Erdbeerlikörs sollten Sie darauf achten, daß die Früchte nicht mit Metall in Berührung kommen.

Für den Ansatz: 500 g Erdbeeren, 1 l Kornbranntwein 40% oder – für Feinspitze – Weinbrand, 1 unbehandelte Zitrone, 1 Päckchen Vanillezucker, eventuell ein paar Walderdbeer-Blätter und einige Stengel Waldmeister.

1 Erdbeeren gut putzen, waschen und trockentupfen.

2 Früchte in ein Ansatzgefäß aus Glas geben, Vanillezucker darüberstreuen und alles mit Alkohol bedecken. Zitrone in Scheiben schneiden, Kräuter und Blätter zugeben.

3 Glas gut verschließen. Das Glas soll nicht der direkten Sonnenbestrahlung ausgesetzt sein, aber in einem Raum mit gleichbleibender Temperatur (nicht unter 15 Grad) stehen.

4 Nach 4 Wochen Ansatz abseihen und filtrieren. Die Erdbeeren haben nun ihre rote Farbe verloren, trotzdem schmecken sie noch gut. Von den „trunkenen Früchten" sollten Sie probieren, aber vielleicht besser erst nach getaner Arbeit.

5 Nun muß der Ansatz verkostet werden. Sind die Erdbeeren sehr süß, brauchen Sie vielleicht gar keinen Zucker. Ansonsten: Zuckerlösung aus 200 g Zucker und 250 ml Wasser kochen und beifügen. Ein zu starker Likör kann mit reinem Wasser verlängert werden.

6 Likör in Flaschen füllen, gut verschließen. Der Erdbeerlikör ist sofort trinkfertig.

Tip aus vergangener Hausfrauenzeit: Hausgemachte Erdbeermarmelade kann mit Korn vermischt werden, sie muß vier Wochen stehen und wird dann filtriert. Das Ergebnis ist ein optisch nicht perfekter, weil naturtrüber, aber köstlicher Erdbeerlikör.

GURKE

Sie kommt aus Indien, liebt warme Temperaturen und will ausgiebig gegossen werden – die Gurke. Schon vor viertausend Jahren wurden in Ägypten und Afrika Gurken gegessen, die Römer waren die ersten, die die Früchte in Salzwasser legten. Aber erst seit etwa fünfhundert Jahren essen die Mitteleuropäer Gurken. Daß man aus ihnen auch Likör bereiten kann, ist weitgehend unbekannt. Wer es trotzdem versuchen will, muß sich auf ein Experiment einlassen. Der Likörgeschmack ähnelt dem der Gurke – herb, frisch, nach Gurken duftend und ist vielleicht gerade deshalb nicht jedermanns Sache. Das Rezept stammt übrigens aus einer Sammlung aus dem Jahr 1905. Wenn Sie diesen Likör probieren, machen Sie einen großen Bogen um die schnurgeraden Salatgurken, die in Klarsichtfolie eingeschweißt sind. Warten Sie, bis „Gurkenzeit" ist, dann suchen Sie nach einer reifen, saftigen Gurke aus einem Haus- oder Bauerngarten, die nicht überdüngt herangereift und daher auch nicht bitter ist.

Für den Ansatz: 1 schöne, frische Gurke, 1 l Kirschwasser, 500 g Kandiszucker

1 Gurke sorgfältig schälen und in grobe Würfel schneiden. Anfang- und Endstück der Gurke weggeben!

2 Gurke in ein Ansatzgefäß aus Glas geben, Kandiszucker darüberstreuen und anschließend alles gut mit Alkohol bedecken.

3 Glas gut verschließen. Für 6 Tage an einen hellen, warmen Platz, aber nicht in die pralle Sonne stellen. Das Ansatzgefäß täglich etwas schütteln, der Zucker soll sich gut lösen.

4 Nach 6 Tagen den Ansatz abseihen und filtrieren. Der Likör ist nun fertig, muß aber verkostet und bei Bedarf verfeinert werden. Die Zugabe einer Zuckerlösung wird sicher nicht nötig sein. Möglicherweise ist der Likör etwas zu stark, dann sollte vorsichtig mit reinem Wasser aufgegossen werden.

5 Likör in Flaschen füllen, gut verschließen. Der Likör ist trinkfertig.

HAGEBUTTE

Die Früchte der kleinen, blaßrot oder weiß blühenden Heckenrose sind ab September zu sehen – an Wald- und Wegrändern, aber auch in Gärten. Zuerst sind die leuchtend roten, eiförmigen Früchte hart und glatt und fest – sie sind noch nicht reif und schmecken auch nicht gut. Erst wenn sie der erste Nachtfrost gebrannt hat, werden sie weich und damit auch süß. Probieren Sie eine Hagebutte, wenn Sie sie pflücken. Stecken Sie die rote Frucht in den Mund und saugen Sie sie aus. Es ist ein merkwürdiger Geschmack, klebrig und süß und so herb, daß die Zungenspitze schaudert. Und doch möchte man gleich noch einmal davon probieren, so gut schmecken die Hagebutten. Warten Sie also den ersten Frost ab, dann aber müssen Sie sich sputen, denn nun sind auch die Vögel auf den Geschmack gekommen. Pflücken Sie nie einen Heckenrosenstrauch leer. Suchen Sie ein paar Sträucher aus, nehmen Sie nur so viel Sie brauchen. Der Rest gehört den Tieren, es ist ihre Nahrung für den kommenden harten Winter.

Für den Ansatz: Etwa 4 Handvoll Hagebutten (nicht mehr als 0,5 kg), 0,7 l hochprozentiger Alkohol (entweder Kornbranntwein 80% oder Weingeist 96%), 0,3 l Wasser, 1 Päckchen Vanillezucker oder 1 Vanilleschote.

1 Hagebutten waschen, Blütenreste und Fruchtstiele abschneiden.

2 Die ganzen Früchte in ein Ansatzgefäß aus klarem Glas geben, dazu kommt der Vanillezucker oder die aufgeschnittene Vanilleschote. Nun wird mit Alkohol und Wasser aufgegossen. (Das Wasser dient dazu, den Alkoholgehalt auf etwa 50–60% herabzusetzen.)

3 Gefäß gut verschließen. Nun sollte der Ansatz in der Sonne stehen, das ist im Herbst oft schwierig. Auf jeden Fall sollte der Hagebutten-Ansatz nicht unter 18 Grad gelagert sein, so kann er ziehen.

4 Nach 4–6 Wochen abseihen und filtrieren. Eine Zuckerlösung kochen, z. B. 150 g Zucker in 250 ml Wasser, abkühlen lassen und mit der gefilterten Hagebutten-Essenz vermischen. Den Likör abschmecken.

5 In Flaschen füllen, gut verschließen. Der Hagebuttenlikör sollte mindestens ein halbes Jahr (!) lagern, bevor er getrunken wird.

HEIDELBEERE (BLAUBEERE)

Die Heidelbeeren haben einen festen Platz in Mythos und Volksglauben. In den Alpenländern wird am 15. August ein Buschen aus – zumeist neun – Heilkräutern gebunden, in der Kirche geweiht und ins Haus gehängt. In diesem „Weihbuschen“, der Menschen, Hof und Vieh beschützen soll, darf die Heidelbeere nicht fehlen. Die Heilkraft der Heidelbeere gegen Husten und Schwindsucht hat schon Hildegard von Bingen hervorgehoben.
Es gibt heute bereits Heidelbeersorten, die im Garten angebaut werden können. Diese Früchte sind schön und groß, können aber geschmacklich mit den Waldfrüchten nicht mithalten. Nützen Sie einen Waldspaziergang, pflücken Sie Ihre Heidelbeeren selbst. Profis machen das mit einem kleinen Rechen, einer sogenannten Reiter, es geht aber auch mit der Hand. Die Beeren wachsen auf einem niedrigen Halbstrauch knapp über dem Boden, die reifen Beeren sind erbsengroß und dunkelblau. Frisch vom Strauch schmecken sie säuerlich-süß. Der frische Saft der Heidelbeeren ist beinahe schwarz und wurde früher gern zum heimlichen Nachfärben von Rotwein verwendet.
Ein berühmter Likör, der zum Großteil aus Heidelbeeren bereitet wird, ist der „Stonsdorfer“, ein Produkt aus dem gleichnamigen schlesischen Ort im Riesengebirge.
Hier zwei verschiedene Arten, Heidelbeerlikör zu bereiten:

Möglichkeit 1

Für den Ansatz: 1 kg Heidelbeeren, 400 g Zucker, 1 l reines Wasser. Später kommen dazu: 1 Stange Zimt, 5–6 Gewürznelken, 1 l Kornbranntwein 80% oder Weingeist 96%

1 Heidelbeeren verlesen und sehr gut waschen.

2 Beeren und Zucker in ein Ansatzgefäß aus Glas geben und mit Wasser aufgießen. Gut verschließen und an einen dunklen, nicht zu warmen Ort stellen (am besten in den Keller).

3 Nach 4 Wochen Zimt, Nelken und Alkohol dazugeben, Gefäß vorsichtig schütteln. An einen sonnigen Platz stellen.

4 Nach 4 weiteren Wochen Ansatz abseihen, filtrieren. Der Likör ist jetzt fertig, wird verkostet und in Flaschen gefüllt. Er braucht einige Wochen Zeit, um zu reifen.

Möglichkeit 2

Für den Ansatz: 500 g Heidelbeeren, 500 g Zucker, 1 Stange Zimt, 1 l Kornbranntwein 80% oder Weingeist 96%, 0,7 l Wasser.

1 Heidelbeeren verlesen und gut waschen.

2 Beeren in ein weites Ansatzgefäß geben – am besten Keramik – und mit einer Gabel zerdrücken. Zucker, Zimt, Alkohol und Wasser dazugeben.

3 Gefäß gut verschließen und an einen sonnigen Platz stellen. Ansatzgefäß zwei-, dreimal die Woche schütteln.

4 Nach 3–4 Wochen abseihen und filtrieren. Der Likör ist jetzt fertig. Kosten Sie und verlängern Sie nach Geschmack mit gekochter Zuckerlösung oder auch reinem Wasser.

5 In Flaschen füllen, verschließen und zumindest 5 Monate ruhen lassen.

Variation: Heidelbeergeist wird in der Volksmedizin gerne verwendet. Dazu werden drei Handvoll Heidelbeeren in einem Liter Kornbranntwein 40% drei Wochen lang angesetzt und dann abgeseiht. Der Heidelbeergeist schmeckt herb, soll bei Durchfall helfen und „erwärmt den Unterleib".

Tips:

- Die Heidelbeeren können vor der Verwendung auch einen Tag im Halbschatten getrocknet werden. Sie bekommen so einen etwas herberen Geschmack.
- Ein Stück Orangenschale zum Ansatz, ein kleines Glas Rum zum fertigen Likör geben ein feines Aroma dazu.

HIMBEERE

Die Himbeere ist eine typische Waldpflanze, sie liebt guten, humusreichen Boden und fühlt sich auf sonnigen Hängen und an Waldrändern wohl. Seit dem Mittelalter werden Himbeeren auch in den Hausgärten gepflanzt. Trotzdem sind die Waldhimbeeren geschmacklich mit Abstand die besten – süße, duftige Früchte mit köstlichem Aroma. Himbeeren sollten nicht lange liegen, sondern rasch verarbeitet werden. Die vollreifen Beeren sind weich und saftig, werden beim Übereinanderliegen gepreßt und verlieren süßen Saft. Früchte aus dem Supermarkt, die meist eine lange Reise hinter sich haben, sind daher für die Likörbereitung nicht zu empfehlen. Wenn Sie Himbeeren nicht selbst sammeln können, kaufen Sie die Früchte auf dem Bauernmarkt. Vorsicht beim Verlesen der Beeren – oft sitzen kleine Käfer oder Maden in ihnen.

Für den Ansatz: 1 kg Himbeeren, 1 Stange Zimt, 5 Gewürznelken, 1,5 l Kornbranntwein 40% oder Weinbrand.

1 Himbeeren gut verlesen. Ob Sie die Himbeeren waschen, hängt von der Beschaffenheit der Früchte ab. Sind die Beeren bereits sehr weich bis matschig, spült man beim Waschen den köstlichen Himbeersaft ab. Vielleicht ist es besser, Sie verlassen sich bei diesen Früchten auf die desinfizierende Wirkung des Alkohols und verzichten auf das Waschen.

2 Früchte mit Gewürzen in ein Ansatzgefäß aus Glas geben, mit Alkohol aufgießen. Gut verschließen und an einen sonnigen Platz stellen.

3 Nach 3 Wochen abseihen und filtrieren.

4 Eine Zuckerlösung kochen, z. B. aus 250 g Zucker und 300 ml Wasser. Abkühlen lassen und mit der Himbeeressenz vermischen.

5 Likör verkosten, in Flaschen füllen, gut verschließen und etwa 4 Wochen ruhen lassen.

Variationen:

- Himbeerlikör kann auch aus frisch gepreßtem Himbeersaft gewonnen werden. Hier wird etwa 0,5 l Fruchtsaft mit 250 g Zucker kurz aufgekocht, überkühlt, mit 0,5 l Kornbranntwein 80% vermischt und in Flaschen gefüllt: Der Likör ist fertig, sollte aber 6 Monate ruhen.

• Aus frischem Fruchtsaft wird auch Himbeerwein bereitet: 0,5 l frischer Saft wird mit 250 g Zucker vermischt und leicht erhitzt. 3 Tage stehen lassen, 0,5 l leichten, trockenen Weißwein zugießen und in Flaschen abfüllen.

HOLUNDER (HOLLER)

Vor jedem Bauernhaus stand früher ein Holunderstrauch. Kein Wunder, war er doch nach dem Volksglauben der Wohnsitz der Hausgöttin. Sie wurde, je nach Gegend, Frau Ellhorn, Frau Holle oder die Holundermutter genannt, ihr oblag das Wohl der Menschen und Tiere in Haus und Hof. Mit den Blüten, Früchten, Wurzeln und Blättern des Holunderstrauches sorgte die Holundermutter dafür, daß alle gesund blieben. Die Menschen hatten große Ehrfurcht vor dem Holunder und seiner Baumfrau. Der Holunder war sozusagen der Gesundheitsbaum der Bauern. Die Gebrüder Grimm berichten von einem Spruch, mit dessen Hilfe zum Beispiel an Rotlauf erkrankte Menschen versucht haben, ihre Krankheit auf den Holunderbusch zu übertragen: „hollerast hebe dich auf, rothlauf setze dich drauf, ich hab dich einen tag, habe dus jahr und tag!"
Ungeachtet aller Mystik und Magie haben aber alle großen Naturheiler, die antiken Ärzte genauso wie Hildegard von Bingen, die heilenden Kräfte des Holunders gekannt und gerühmt. Und neben allen Heilstoffen und Vitaminen, die die ausgereiften Holunderbeeren enthalten, sind die Säfte, Getränke und Liköre auch von ausgezeichnetem Geschmack.
Vorsicht: Holunderbeeren sollen niemals roh gegessen werden! Schon zwei Eßlöffel roher Früchte können Übelkeit und Erbrechen hervorrufen. Auch sollten Sie die Beeren niemals von Sträuchern und Bäumen ernten, die unmittelbar neben befahrenen Straßen stehen. Selbst mit

gründlichstem Waschen bringt man die Blei- und Abgasablagerungen nicht von den Beeren. Früchte, Fruchtsaft und Ansatz sind stark färbend und ergeben auf Textilien Flecken, die schwer zu entfernen sind.

Für den Ansatz: 1,5 kg Holunderbeeren, 1 l Wasser, 400 g Zucker, 1 Vanilleschote. Später kommt 1 l Korn 40% dazu.

1 Die Holunderbeeren von den Dolden streifen. Am besten gelingt das mit einer Gabel. Die Beeren gut waschen.

2 Beeren in einen Kochtopf geben, Wasser und Vanilleschote dazugeben und unter oftmaligem Umrühren aufkochen. Der Kochtopf sollte nicht zu klein sein, denn die Flüssigkeit schäumt auf. Mindestens eine halbe, besser eine ganze Stunde lang sanft kochen (simmern) lassen, dann durch ein Tuch abseihen, so daß der Holundersaft übrigbleibt.

3 Holundersaft und Zucker vermengen, noch einmal kurz aufkochen, dann abkühlen lassen.

4 Alkohol mit dem noch warmen Holundersaft mischen, gut verrühren und abschmecken.

5 In Flaschen füllen, gut verschließen. Der Likör ist trinkfertig.

Auch aus den weißen Holunderblüten lassen sich wunderbare Säfte bereiten. Der Likör aus Blüten hat einen frischen, fruchtigen Geschmack. Suchen Sie besonders einwandfreie Blütendolden von Sträuchern, die keiner Umweltverschmutzung ausgesetzt und nicht von Blattläusen befallen sind. Denn die Dolden sollen nicht gewaschen werden, da sonst ihr aromatischer, feiner Geschmack zerstört wird.

Für den Ansatz: 10 Blütendolden, 400 g Würfelzucker, 1 unbehandelte Zitrone, 1 unbehandelte Orange, 1 l Kornbranntwein 40%.

1 Orange und Zitrone in Scheiben schneiden.

2 Ein Ansatzgefäß aus Glas oder Keramik mit Blütendolden, Zucker, Zitrone und Orange füllen und mit Alkohol übergießen. Gefäß gut verschließen und an einen sonnigen, aber nicht zu heißen Platz stellen.

3 Nach 4–5 Wochen abseihen und filtrieren. Nun muß der Likör gekostet und eventuell mit reinem Wasser ein wenig verlängert werden.

4 Likör in Flaschen füllen und verschließen – er ist trinkfertig.

JOHANNISBEERE

Die Heimat der Johannisbeersträucher war ursprünglich Sibirien und das Himalaya-Gebiet. Erst im 15. Jahrhundert kamen die Johannisträubchen oder Ribisel, wie sie auch genannt werden, nach Mitteleuropa. In den Prachtgärten der europäischen Monarchen wurden sie als exotische Besonderheit angepflanzt. Die Früchte sind voll von Vitamin C, Apfel- und Zitronensäure, schmecken fruchtig, süß und erfrischend. Es gibt Schwarze und Rote Johannisbeeren, wobei die Schwarzen Beeren einen etwas eigenwilligen Nachgeschmack haben, sie sind aber süßer als die Roten. Für die Likörbereitung werden Rote und Schwarze Johannisbeeren gerne im Verhältnis 1 : 3 gemischt. Berühmt ist der Cassis, ein Likör aus Schwarzen Johannisbeeren, der ursprünglich im französischen Dijon kreiert wurde.
Seit 1977 werden in den Gärten gerne die Jostasträucher gepflanzt, eine Kreuzung aus Schwarzer Johannisbeere und Stachelbeere. Grundsätzlich können alle Rezepte für Johannisbeerliköre auch aus Jostabeeren zubereitet werden. Die Jostabeeren sind etwas fester und sollten für den Ansatz erst geerntet werden, wenn sie schon überreif und fast runzelig sind.

Für den Ansatz: 500 g Johannisbeeren (ev. 400 g Schwarze, 100 g Rote), 300 g Zucker (ev. Kandiszucker), 1 Päckchen Vanillezucker, ev. 1 Stück Zitronenschale, 0,7 l Korn 80%, 0, 3 l Wasser.

1 Johannisbeeren von Stielen und Blättern befreien, also „abrebeln“, und gründlich waschen.

2 Früchte in ein weites Gefäß geben und mit einem Mörser oder einer Gabel zerdrücken. Zucker, Gewürze, Alkohol und Wasser beigeben. Am besten wäre es, den Ansatz in diesem Gefäß zu belassen. Sie können jetzt aber auch die ganze Masse in ein anderes Ansatzgefäß geben, dieses gut verschließen und an einen Platz mit gleichbleibend warmer Temperatur stellen, z. B. auf ein Fensterbrett. Dort 4–6 Wochen stehen lassen, das Gefäß öfter schütteln.

3 Ansatz durch ein Tuch seihen und verkosten. Wahrscheinlich müssen Sie jetzt ein wenig Zuckerlösung kochen, z. B. aus 200 g Zucker und 300 ml Wasser, abkühlen lassen und beimengen. Bei sehr süßen

Früchten wird der Likör nur etwas zu stark sein, daher mit reinem Wasser verlängern.

4 Den Likör durch Filterpapier filtrieren, in Flaschen füllen, gut verschließen und einige Wochen, am besten aber 3 Monate, ruhen lassen.

Variation: Johannisbeerlikör wird auch gerne aus frischem Saft gemacht. 1 l Saft wird mit 250 g Zucker gut verrührt, bis sich der Zucker gelöst hat. Dann 1 l Korn 40% oder Weinbrand zusetzen und 1 Woche stehen lassen. Danach filtrieren, in Flaschen füllen und ruhen lassen.

Tips:

- Johannisbeeren vertragen sich sehr gut mit Kirschen oder Himbeeren. Wenn Sie diese Früchte daheim haben, komponieren Sie Ihren persönlichen Früchtelikör – aus Saft oder ganzen Früchten, beides ist möglich.
- Ein Gläschen Johannisbeerlikör wird – nicht nur in Frankreich – gerne mit einem Glas Sekt vermischt und als Aperitif, genannt Kir Royal, getrunken.

Johannisbeerlikör aus Schwarzen Johannisbeeren und Honiglikör

KIRSCHE

Der Kirschbaum kommt aus Kleinasien. Angeblich war es der berühmte römische Feldherr und Feinschmecker Lucullus, der vor rund zweitausend Jahren den ersten Kirschbaum nach Rom brachte. Zur Zeit Karls des Großen wurde der Kirschbaum dann auch im kühleren Klima Mitteleuropas heimisch. Auch die wildwachsenden Vogelkirschen stammen vom importierten Kirschbaum ab, vor Jahrhunderten müssen sie sich in unseren Wäldern „selbständig" gemacht haben. Für die Likörbereitung gelten die Vogelkirschen als das Nonplusultra, das Feinste vom Feinen. Vielleicht kommt das daher, daß es kaum jemals möglich ist, genügend Vogelkirschen für einen Ansatz zu finden. Amsel & Co. lieben die schwarzen und roten Kirschen, selbst wenn sie noch nicht ganz reif sind. Für den Liköransatz aber sollten die Früchte vollreif, süß und saftig sein. Die Chancen, Früchte für einen Vogelkirschenlikör zu ergattern, sind daher äußerst gering. Begnügen Sie sich also mit den Kirschen aus Nachbars Garten, auch die schmecken köstlich.
Ob Sie die Kirschen entsteinen, hängt von Ihrer Einstellung zu den möglichen Bewohnern der Früchte ab. Bei nicht entsteinten Kirschen kriechen die Würmer aus den Früchten und treiben leblos im Ansatz – nicht gerade ein schöner Anblick. Verdorben ist der Kirschansatz deshalb nicht, die ungebetenen Bewohner müßten nur abgeschöpft werden.

Für den Ansatz: 1 kg Kirschen, 3–5 Gewürznelken, 1 Vanilleschote, eventuell 1 Stück Schale einer unbehandelten Orange, 1 l Kornbranntwein 80%, 0,5 l Wasser.

1 Kirschen waschen, von Stielen und Blättern befreien, entsteinen. Die Kirschkerne wegwerfen.

2 Früchte, Gewürze, Alkohol und Wasser in ein Ansatzgefäß aus Glas geben. Gut verschließen und an einen sonnigen Platz stellen.

3 Nach 4 Wochen abseihen. Eine Zuckerlösung aus 350 g Zucker und 400 ml Wasser kochen, abkühlen lassen und mit der Kirschessenz vermischen.

4 Likör kosten, je nach Geschmack nachsüßen, dann filtrieren.

5 In Flaschen füllen, verschließen und einige Wochen ruhen lassen.

Variation: Kirschlikör wird gerne auch aus frischem Kirschensaft gemacht: 0,5 l Saft wird mit 300 g Zucker gut vermischt, bis sich der Zucker aufgelöst hat. 0,5 l Kornbranntwein oder Weinbrand hinzufügen und drei Tage stehen lassen. Dann filtrieren und in Flaschen füllen. Der Likör sollte ein halbes Jahr ruhen, bevor er getrunken wird

Tips:

- Für Kirschlikör wird gerne ein guter Schuß echter Rum zur Geschmacksabrundung empfohlen, und zwar etwa 0,2 l Rum auf 1 l Likör. Wenn Sie Rum zusetzen, sollten Sie aber mit Kornbranntwein ansetzen, nicht mit Weinbrand.
- Auch ein gutes Glas Kirschbranntwein tut dem fertigen Kirschlikör gut.

MISPEL

Der Mispelbaum hat seine Heimat am Schwarzen Meer, über Kleinasien und Griechenland ist er nach Mitteleuropa gebracht worden. Dort wurde er so heimisch, daß Mispeln gerne als „altes deutsches Obst“ bezeichnet werden. Daß der Baum in Wahrheit ein „Zugewanderter“ ist, hat man längst vergessen. Heute sind Mispelbäume mit ihren ausladenden Ästen allerdings bereits selten geworden.
Mispeln, in Süddeutschland und Österreich auch „Asperln“, in Südtirol „Neschpelen“ genannt, sind mit den Äpfeln verwandt und gelten als ausgesprochen gesunde Früchte mit darmregulierender Wirkung. Die kugeligen Mispeln mit den auffallenden Kelchblättern haben eine rauhe Schale und sind anfangs grün, später braun. Genießbar sind sie erst, wenn sie vom Herbstfrost gebrannt wurden. Das nunmehr schokoladebraune Fruchtfleisch schmeckt sehr herb, wenn die Früchte aber zwei Wochen im Keller – am besten auf Stroh – gelagert werden, verändert sich der Geschmack. Das Fruchtfleisch wird teigig, süß-säuerlich, und die Mispeln bekommen einen Apfelgeruch. Mispeln sind nicht jedermanns Sache, wer sie aber liebt, möchte sie nicht missen!

Für den Ansatz: 1 kg Mispeln, 500 g Zucker, 0,5 l Wasser, 0,5 l Kornbranntwein 80%.

1 Mispeln waschen und klein schneiden. Mit Wasser und Zucker aufkochen und unter oftmaligem Umrühren an die 45 Minuten kochen lassen. Wenn nötig, Wasser nachgießen.

2 Das Kompott abkühlen lassen, durch ein Tuch seihen. Die Flüssigkeit in ein Ansatzgefäß oder eine Flasche füllen, mit Alkohol vermischen und gut verschließen. 4 Wochen stehen lassen, täglich schütteln. Die Mispeln sind sehr reich an Pektinstoffen, sollte der Ansatz gelieren, schütteln Sie ihn und gießen Sie notfalls mit hochprozentigem Korn auf.

3 Den Likör verkosten, nach Bedarf mit gekochter Zuckerlösung verlängern. Auch ein gutes Glas naturreiner Apfelsaft kann den Geschmack abrunden. Der Likör wird eine gewisse Naturtrübung nicht verlieren. Wenn Sie das stört, können Sie ihn im Abstand von einigen Tagen mehrmals filtrieren. Der Naturtrub ist aber nur ein Schönheitsfehler, kein Qualitätsmangel.

4 Likör in Flaschen füllen, gut verschließen. Er kann sofort getrunken werden.

Variation: Eine etwas unkonventionelle Methode, Mispellikör zu bereiten, ist folgende: Mispelmarmelade sanft erwärmen, 0,2 l naturreinen Apfelsaft unterrühren und gut vermischen. Nun 0,5–0,7 l Kornbranntwein 40% dazugeben, durchrühren. In ein großes Glas füllen, gut schütteln, stehen lassen. Nach 5 Tagen durch ein Tuch seihen und in Flaschen füllen. Der Likör ist fertig.

NUSS

Der Nußbaum stammt aus Persien. Und obwohl er nachweislich schon seit der Steinzeit auch in Mitteleuropa daheim ist, hat er sich noch immer nicht ganz an das Klima gewöhnt – er ist recht kälteempfindlich. Die Volksheilkunde schwört auf den Nußbaum, vor allem Blätter und grüne Nüsse werden für Gesundheit von Mensch und Tier gerne und vielseitig verwendet. Die grünen Nüsse werden auch in der Naturkosmetik als Haarfärbemittel eingesetzt. Sooft Sie mit grünen Nüssen in Berührung kommen, bedenken Sie diese Eigenschaft. Verwenden Sie Arbeitshandschuhe, wenn Sie die Nüsse schneiden. Die gelbbraunen Spuren Ihrer Arbeit werden sonst tagelang auf Ihren Händen zu sehen sein. Nur reichlich Zitronensaft kann die Färbung etwas mildern.
Der Nußlikör ist etwas ganz Besonderes. Er wird aus grünen Nüssen bereitet.
Die beste Zeit zur Ernte dieser Walnüsse ist meist – je nach Gegend unterschiedlich – Mitte bis Ende Juni. Die Nüsse sollen volle Größe erreicht haben, aber die später holzige, harte Nußschale unter der geschlossenen grünen Außenhaut muß noch weich sein, und der Nußkern muß auf jeden Fall ganz weich sein. Die grüne Außenhaut der unreifen Nüsse sollte grün-glänzend und fleckenlos sein. Es empfiehlt sich, in Abschnitten von einigen Tagen von den Walnußbäumen eine „Probenuß" zu ernten und diese durch Aufschneiden auf den richtigen Zeitpunkt hin zu untersuchen.

Für den Ansatz: 0,5 kg grüne Nüsse, 1 l Kornbranntwein 40% (oder Kornbranntwein 80% und 0,5 l reines Wasser), eventuell 1 Zimtstange, 5 Gewürznelken.

1 Nüsse auf einem Holzbrett mit einem guten Messer schneiden. Kleine Nüsse halbieren, große vierteln oder in dicke Scheiben schneiden.

2 Nüsse in ein Ansatzgefäß, am besten aus klarem Glas, geben. Das Glas sollte einen weiten Hals haben, damit die Nüsse später wieder herauspurzeln können. Mit Alkohol aufgießen, so daß die Nüsse gut bedeckt sind. Das Gefäß wird mit Einmach-Zellophan, Pergamentpapier oder Alufolie möglichst dicht verschlossen und dieses mit breiten Gummiringen oder fester Schnur fixiert bzw. zugebunden. So wird der Ansatz auf einen lichten Platz gestellt. Dafür eignen sich am besten

Fensterbretter, wo das Tageslicht unmittelbar seine nötige Wirkung auf den Ansatz entfalten kann. Nur an heißen Sommertagen, wenn die Lufttemperatur gegen 30 Grad steigt, soll der Ansatz auch leicht beschattet werden, um eine Überhitzung zu vermeiden. Auf jeden Fall soll er aber während der gesamten Ansatzzeit möglichst auf seinem Platz stehen bleiben und nur wenn nötig bewegt werden.

3 Schon nach wenigen Stunden kann beobachtet werden, daß sich die Ansatzflüssigkeit bräunlich zu färben beginnt. Und wahrscheinlich wird bereits nach wenigen Tagen der Ansatz von dunkelbrauner Farbe und nicht mehr „durchschaubar" sein. Der Nußansatz muß nun mindestens 8 Wochen ruhen, damit die Wirkung des Sonnenlichts und der damit verbundenen guten Wärme voll zum Tragen kommt. Es ist darauf zu achten, daß bei Flüssigkeitsverlust (leichte Verdampfung ist nie ganz zu verhindern) mit Kornbranntwein, zumindest aber mit reinem Wasser aufgegossen wird, damit die Nüsse wieder bedeckt sind. Der Ansatz kann natürlich durchaus länger stehen gelassen werden. Und hin und wieder hört man die Behauptung, daß eine noch längere Zeitdauer des „Ziehens" die Qualität steigere. So ist es in manchen Gegenden geradezu Tradition, den Ansatz bis zum Martinitag (11. 11.!) oder bis zum ersten Adventsonntag stehen zu lassen. Dies hat aber mehr mit Brauchtum und Mystik zu tun. In Wahrheit wird die Qualität des Ansatzes dadurch weder gesteigert noch verschlechtert.

4 Nach mindestens 8 Wochen wird nun die Ansatzflüssigkeit abgegossen. Auf eine große Schüssel wird ein Küchensieb gestellt, um herausfallende Nußstücke aufzufangen. Nun wird der Nußansatz mittels Trichter und Filterpapier filtriert. Beim Durchlaufen durch das Filterpapier werden alle gröberen Schweb- und Trubstoffe entfernt. Beim Wechseln der Filtertüten sollte man nicht allzu sparsam sein, denn bei der ersten Filtrierung verlegen sie sich relativ rasch.

5 Zuckerlösung kochen, z. B. aus 350 g Zucker und 400 ml Wasser. Abkühlen lassen, mit der Nußessenz vermischen. Das „Ausbalancieren" von Nußessenz, Zuckerlösung und Alkohol zu einer dem persönlichen Wohlgeschmack entsprechenden Mischung ist eine „experimentelle" Phase, die mit mehrmaligem vorsichtigem Kosten der Mischung verbunden ist.

6 In Flaschen füllen, gut verschließen und ruhen lassen. Es werden sich immer wieder feine Schwebstoffe am Flaschenboden absetzen.

Wenn Sie das stört, müssen Sie nach einer Woche nochmals filtrieren. Die nun folgende Reifungsphase des Likörs dient zur letzten Abrundung des Getränks. Hier gilt die Regel: je länger, desto besser. Unter Berücksichtigung aller terminlichen Möglichkeiten könnte ein erster „kleiner Schluck" zum Weihnachtsfest schon höchst zufriedenstellend sein.

Variation: Besonders in Süddeutschland ist es schon lange üblich, dem Nußansatz Trockenkräuter beizufügen. Manche Drogerien und Reformhäuser bieten diese Kräutermischungen fertig gemixt in Tüten an. Fragen Sie beim Kauf einer solchen Tüte unbedingt, für welche Ansatzmenge die Kräutermischung gedacht ist, sonst besteht die Gefahr, daß der Kräutergeschmack den Nußgeschmack überdeckt.
Eine geeignete Trockenkräutermischung kann auch aus folgenden Zutaten selbst hergestellt werden: Salbei, Wermut, Kalmus, Kamillenblätter, Tausendguldenkraut. Diese Kräuter sind in den meisten Drogerien und Reformhäusern erhältlich. Auch hier empfiehlt sich beim Ansatz Sparsamkeit. Für die obige durchschnittliche Ansatzmenge sollten nicht mehr als ein gehäufter Teelöffel von jedem Kraut beigegeben werden.

Tip: Es ist unter den „Nußmenschen" eine weit verbreitete Sitte, vor der Weiterverarbeitung des Nußansatzes zum Nußlikör eine kleine Menge der unvermischten Ansatzflüssigkeit für die Hausapotheke aufzubewahren. Bevor Sie den Ansatz mit der Zuckerlösung aufbessern, füllen Sie also etwas Essenz in ein Fläschchen. Die Volksmedizin schwört auf die medizinale Wirkung der Nußessenz. In der Menge eines halben Schnapsglases wird er gegen Völlegefühl und Übelkeit gegeben. Im Zweifelsfall ist ein Arzt zu konsultieren, ob dieses Hausmittel eingenommen werden soll. Zum „Genußmittel" kann diese Ansatzflüssigkeit sicher nicht werden, denn sie ist gallbitter.

Nußschnaps – links der frische Ansatz, rechts der fertige Likör.

ORANGE

Unsere beliebteste Vitamin-C-Lieferantin, die Orange, war als wilde Obstart ursprünglich in Japan und Birma daheim. Erst seit etwa fünfhundert Jahren wird sie auch im Mittelmeerraum gepflanzt. Orangenlikör bezaubert durch seinen feinen, fruchtig-herben Geschmack. Für das typische Orangenaroma ist allerdings nicht der Saft, sondern die Schale verantwortlich. Die auf ihr befindlichen zahlreichen Poren sind voll von ätherischem Öl, die darunter liegende weiße Haut schmeckt bitter. Was bei der Orangenmarmelade das gewisse Etwas ist, wird beim Likör als störend empfunden. Die Orangenschale muß daher immer sehr dünn abgeschält werden, damit die weiße Haut auf der Frucht bleibt. Orangenschalen sind Bestandteil vieler traditioneller Likörrezepte. So werden zum Beispiel für die Bereitung von Benediktiner, Kartäuser, Angostura, Cassis und Goldwasser getrocknete Orangenschalen verwendet.
Kaufen Sie die Orangen am besten im Winter. Dann haben die Südfrüchte Saison, und die Orangen kommen frisch und reif auf den Markt. Besorgen Sie unbedingt unbehandelte Orangen. Freundlich gemeinte Hinweise des Verkaufspersonals, man solle doch die Schale unter heißem Wasser abbürsten, sind gut gemeint, aber sinnlos. Meist sind die Orangen mit wasserunlöslichen Mitteln imprägniert, die Schale ist somit versiegelt und damit für die Likörbereitung (wie auch für die Marmeladebereitung) gänzlich ungeeignet.
Es gibt zwei verschiedene Arten, den Likör anzusetzen:

Möglichkeit 1

Für den Ansatz: 6–8 Orangen, 0,7 l Kornbranntwein 80%.

1 Mit einem scharfen Messer oder einem Sparschäler die Orangen dünn schälen.
(Die Früchte brauchen Sie nicht mehr. Sie könnten etwas von der Schale zur Seite legen und aus Früchten und ein wenig Schale später Marmelade oder einen Orangenwein (siehe Seite 58) bereiten. Sie können aber auch die Orangen pressen und den Saft zum Ansatz leeren. Dann müßten Sie die spätere Zuckerzugabe, vor allem aber die Wasserzugabe, verringern und vor allem aber den Likör mehrmals filtrieren. „Eleganter“ wird der Likör, wenn Sie ihn ohne Saft bereiten.)

2 Die Schalen in ein Ansatzgefäß geben und mit Alkohol bedecken. Gefäß gut verschließen und 5–6 Stunden stehen lassen.

3 Ansatz abseihen. Eine Zuckerlösung aus z. B. 600 g Zucker und 1 l Wasser kochen, abkühlen lassen und mit dem Ansatz vermischen.

4 Likör verkosten und nach Wunsch mit weiterer Zuckerlösung nachsüßen. Eventuell filtrieren.

5 In Flaschen füllen, gut verschließen und zumindest 3 Wochen ruhen lassen.

Möglichkeit 2

Für den Ansatz: 3 Orangen, 250 g Zucker, 1 l Kornbranntwein 40% oder Weinbrand.

1 Suchen Sie ein möglichst weithalsiges Ansatzgefäß, in dem die ganzen, ungeschälten Orangen Platz haben. Früchte mit einer Nadel oder einer Gabel anstechen, damit der Alkohol eindringen kann.

2 Zucker darüberschütten und alles mit Alkohol bedecken. Gefäß gut verschließen und an einen Ort mit gleichbleibend warmer Temperatur stellen. Gefäß öfter schütteln.

3 Nach 4–6 Wochen den Ansatz abseihen, filtrieren und verkosten. Vielleicht müssen Sie jetzt eine Zuckerlösung zusetzen, kochen Sie vorerst nur 100 g Zucker mit 0,2 l Wasser, damit der Likör nicht zu süß wird.

4 Likör in Flaschen füllen, verschließen und mindestens 3 Monate ruhen lassen.

Variation 1:
Orangenlikör kann auch aus frisch gepreßtem Saft bereitet werden. Hier empfiehlt sich vor allem der Saft der Blutorange. Es werden 0,5 l Fruchtsaft mit 250 g Zucker gut vermischt, bis der Zucker aufgelöst ist. In ein Gefäß geben, gut verschließen und 3 Tage stehen lassen. Nun wird der Ansatz mit 0,5 l Kornbranntwein 40% oder Weinbrand vermischt, filtriert, verkostet, in Flaschen gefüllt, gut verschlossen und mindestens 5 Monate lang aufbewahrt.

Variation 2:

Einen süßen, fruchtigen Dessertwein erhalten Sie, wenn Sie 2–3 geschälte Orangen, in Scheiben geschnitten, mit 1 l Rotwein übergießen und 2 Tage verschlossen stehen lassen. Die Orangen können für Süßspeisen (z. B. Eis) weiterverwendet werden, sind aber für Kinder selbstverständlich nicht geeignet.

PAPRIKA

Um das Jahr 1500 kam der Paprika nach Europa, die spanischen Eroberer hatten ihn von ihren Entdeckungsreisen aus Mittel- und Südamerika mitgebracht. „Spanischer Pfeffer“ wurde er genannt und zweihundert Jahre später, als die Paprikastauden in Ungarn gepflanzt wurden, „Ungarischer Pfeffer“. Der Paprika ist vitaminreich, er enthält viermal mehr Vitamin C als Zitronen oder Orangen. Heute wächst Paprika auch in nicht sehr heißen Gebieten, die schönen, geschmacklich hervorragenden Exemplare gedeihen aber doch nur in klimatisch günstigen Gegenden. Für den Paprikalikör eignen sich nur vollreife Früchte. Solche zu finden ist nicht einfach, vor allem in einer Zeit, in der optisch perfekte Paprikaschoten ganzjährig zu kaufen sind. Versuchen Sie es im Sommer, dann, wenn die heimischen Paprikafrüchte besonders preisgünstig sind. Die Früchte, die Sie am Bauernmarkt bekommen, eignen sich sicherlich am besten.
Paprikalikör ist ein Getränk für Leute, die das Besondere lieben und vor allem – das Risiko nicht scheuen. Der Likör hat einen ungewöhnlichen Geschmack, der nicht allen zusagt.

Für den Ansatz: 3 vollreife grüne Paprika, 1 l Kornbranntwein 80%.

1 Paprika von Stielen und Kernen befreien, die weißen Innenhäute großzügig wegschneiden. Schoten in kleine Stücke schneiden.

2 In ein Ansatzgefäß geben, mit Alkohol übergießen und sehr gut, möglichst luftdicht, verschließen. Das Ansatzgefäß sollte aus Porzellan oder dunklem Glas sein, damit kein Licht an den Ansatz kommt.

3 Ein Originalrezept aus dem Jahr 1905 schlägt folgendes vor: „Das Ansatzgefäß in Sand eingraben und in einen dunklen Keller stellen.“ Das nun wird wohl nicht jedem möglich sein. Stellen Sie also den Ansatz an einen kühlen, dunklen Ort mit gleichbleibender Temperatur. Sie können das Gefäß, so es nicht lichtundurchlässig ist, auch mit Alufolie einwickeln. Auf jeden Fall 3 Monate lang möglichst ruhig und ungestört stehen lassen.

4 Den Paprikaansatz abseihen, eine Zuckerlösung aus 400 g Zucker und 0,7 l Wasser kochen. Abkühlen lassen und mit dem Ansatz vermischen. Den Likör verkosten, eventuell mit weiterer Zuckerlösung nachsüßen. Unter Umständen müssen Sie den Likör jetzt noch filtrieren.

5 In Flaschen füllen, gut verschließen. Der Likör ist sofort genießbar, gewinnt aber durch Lagerung von 2–3 Monaten.

Variation: Zur Herstellung eines Paprikageistes benötigen Sie dieselbe Menge Paprika, aber Kornbranntwein 40%. Die Zubereitungsart ist dieselbe, allerdings kommt keine Zuckerlösung dazu. Ein Gläschen von diesem Ansatz wird in der Volksmedizin zur Appetitförderung und bei Verdauungsstörungen empfohlen.

PFLAUME (ZWETSCHKE)

Wie viele andere Pflanzen, Bäume und Sträucher stammt auch der Pflaumenbaum aus Persien. Und oft waren es Entdecker, Eroberer, Feldherren, die auf ihren Streif- und Plünderzügen fremde, aber köstlich schmeckende Früchte in ihre Heimat brachten. Alexander der Große beziehungsweise einer seiner Männer soll den Pflaumenbaum nach Griechenland gebracht haben. Von dort aus eroberten die Obstbäume mit den dunklen Früchten langsam, aber stetig, ganz Europa. Zwei Besonderheiten sind es, die an den Pflaumen geschätzt werden: Man kann sie dörren und damit den ganzen Winter über essen, und man kann daraus einen kräftigen Pflaumenschnaps, den Slibowitz, brennen.
Für alle, die nicht aufs Schnapsbrennen eingerichtet sind, empfiehlt sich die sanftere Variante einer Kombination von Pflaumen und Alkohol – der Pflaumenlikör. Da die Pflaumen reich an Pektin sind, wird es nicht einfach sein, den Likör ganz klar zu bekommen. Trubstoffe im Likör sind allerdings ein reiner Schönheitsfehler, mehr nicht.
Manche Pflaumensorten werden leicht braun, Sie müssen daher alles gut vorbereiten und rasch arbeiten. Sie können das Problem auch so lösen: Schalten Sie den Backofen auf niedere Stufe und legen Sie die gereinigten und entsteinten Pflaumen für kurze Zeit hinein, so daß sie ein wenig übertrocknet sind.

Für den Ansatz: 1 kg Pflaumen, 1 l Kornbranntwein 80%, 0,5 l Wasser, 3–5 Gewürznelken, eine Prise Kardamom.

1 Pflaumen waschen, trocknen und entsteinen. Die Steine wegwerfen.

2 Früchte in ein Ansatzgefäß aus klarem Glas geben, mit Alkohol und Wasser übergießen, Gewürze beifügen. Das Gefäß gut verschließen und an einen sonnigen Platz stellen. 6 Wochen stehen lassen.

3 Den Ansatz durch ein Sieb seihen. Eine Zuckerlösung kochen aus 300 g Zucker und 400 ml Wasser. Überkühlen lassen und mit der Pflaumenessenz vermischen.

4 Den Likör durch ein Tuch filtrieren. Wollen Sie, daß er ganz klar wird, müssen Sie den Vorgang im Abstand von mehreren Stunden wiederholen, diesmal mit Filterpapier.

5 Likör in Flaschen füllen, gut verschließen und mindestens 3 Monate ruhen lassen.

Tips:

- Statt Zuckerlösung Honig nehmen, das rundet den Geschmack ab.
- Wenn Sie einen reifen, aromatischen Pfirsich haben, setzen Sie ihn mit den Pflaumen an. Auch eine Nektarine paßt gut zu den Pflaumen.
- Ein Gläschen Slibowitz, am Schluß beigefügt, kann dem Pflaumenlikör nur guttun.

Bis zur Weihnachszeit ist der Pflaumenlikör trinkfertig.

PREISELBEERE

Die Preiselbeere ist ein Heidekrautgewächs, sie liebt trockene Wälder genauso wie die Moore im Gebirge. Die Strauchpflanze mit den scharlachroten kleinen Beeren wird auch „Fuchsbeere“ oder „Sauerbeere“ genannt, beide Namen beschreiben Standort und Geschmack der Preiselbeere. Die Waldtiere lieben sie und naschen gerne von ihr, obwohl die Beeren ausgesprochen herb sind. Ihr Aroma allerdings ist köstlich. Seit einigen Jahrzehnten werden Preiselbeeren auch als Gartenpflanzen angeboten, es gibt Preiselbeeren in Obstläden und sogar im Supermarkt. Für die Likörbereitung sollten Sie all diese Früchte schnell vergessen. Machen Sie einen Sommerausflug, pflücken Sie die Beeren selbst. Oder aber – kaufen Sie die Preiselbeeren auf dem Bauernmarkt. Die wild wachsenden Früchte sind an Geschmack und Aroma den Kulturpflanzen strauchhoch überlegen.

Für den Ansatz: 500 g Preiselbeeren, 250 g Zucker, 0,7 l Kornbranntwein 80%, 0,3 l Wasser.

1 Beeren verlesen, sehr gut waschen und auf Küchenpapier trocknen lassen. In eine Schüssel oder ein sehr weithalsiges Ansatzgefäß geben, mit einem Mörser oder einer Gabel zerquetschen. Zucker darüberschütten und über Nacht, mindestens aber 12 Stunden, stehen lassen.

2 Preiselbeer-Zucker-Mischung mit Alkohol und Wasser aufgießen. (Dazu in ein Ansatzgefäß umleeren.) Das Ansatzgefäß gut verschließen und an einen sonnigen Platz stellen. 6–8 Wochen ziehen lassen, dabei das Gefäß öfter schütteln.

3 Den Ansatz durch ein Sieb seihen, dann verkosten. Wahrscheinlich müssen Sie nun eine Zuckerlösung kochen und zusetzen, z. B. aus 200 g Zucker und 300 ml Wasser.

4 Den Likör bei Bedarf filtrieren, in Flaschen füllen und gut verschließen. Er schmeckt besser, wenn er zumindest 3 Monate ruhen kann.

Variationen:

- Im österreichischen Kärnten wird dieser Likör „Kärntner Grantn“ genannt. Die Kärntner geben zum Ansatz gerne ein paar Körner Wacholder und eine Prise ganzen Kümmel dazu.

- Wenn Sie gerne experimentieren, geben Sie einen Apfel oder eine Birne zum Ansatz. Das gibt dem doch eher herben Likör einen weichen Nachgeschmack.

Tip: In der Volksheilkunde sagt man dem zuckerfreien Preiselbeergeist eine harntreibende Wirkung nach. Wer diesen Effekt fürchtet, sollte auch vom Likör nicht mehr als 2 Gläschen am Tag trinken.

QUITTE

„Apfel aus Kreta" haben die alten Griechen die Quitte genannt. Allerdings ist der Baum nicht so widerstandsfähig wie der Apfelbaum. Die Quitte liebt ein wärmeres Klima und fühlt sich in allen Weinbaugebieten wohl. Zur Bereitung eines Quittenlikörs dürfen ausnahmsweise auch die Kerne mitverwendet werden, weil sie so gesund sind.
Die Quittenbäume und -sträucher tragen entweder Apfel- oder Birnenquitten. Die Birnenquitten sind zwar saftiger, die Apfelquitten aber zumeist aromatischer. Ihr volles Aroma entwickelt die Quitte, wenn sie einmal vom Nachtfrost gebrannt wurde. Hier können Sie der Natur ins Handwerk pfuschen: legen Sie die Quitten über Nacht in die Tiefkühltruhe. Das klingt zwar sehr barbarisch, erzielt aber denselben Effekt.
Es gibt zwei Arten, Quittenlikör zu bereiten:

Möglichkeit 1

Für den Ansatz: 500 g Quitten, 350 ml Wasser. Später kommen 0,7 l Kornbranntwein 80% dazu.

1 Quitten schälen, in Stücke schneiden und mit Wasser zu einem Kompott verkochen. Abkühlen lassen.

2 Kompott in ein Ansatzgefäß geben, mit Alkohol aufgießen. Gefäß gut verschließen und an einen Ort mit gleichmäßiger Wärme stellen. Auch etwas herbstliche Sonne hilft dem Ansatz beim Ziehen. 4–6 Wochen stehen lassen, oft schütteln.

3 Den Ansatz durch ein Sieb gießen. Eine Zuckerlösung aus 250 g Zucker und 300 ml Wasser kochen. Abkühlen lassen und mit der Quittenessenz vermischen.

4 Den Likör verkosten und nach Bedarf mit weiterer Zuckerlösung nachsüßen. Durch Filterpapier laufen lassen. Die Quitten sind sehr pektinreich, der Likör ist reich an Trubstoffen. Entweder trüb belassen oder im Abstand von mehreren Stunden öfter filtrieren.

5 In Flaschen füllen, gut verschließen und 2–3 Monate ruhen lassen.

Möglichkeit 2

Für den Ansatz: 1 l frischer Quittensaft (aus dem Entsafter), 350 g Zucker, 1 l Kornbranntwein 40% oder Weinbrand.

1 In einem Ansatzgefäß Quittensaft mit Zucker mischen. Gut verrühren und über Nacht, zumindestens aber 12 Stunden lang, zugedeckt stehen lassen.

2 Alkohol über den Ansatz gießen, gut verschließen und 3 Wochen an einem Ort mit gleichbleibend warmer Temperatur (nicht unter 15 Grad) stehen lassen. Das Gefäß möglichst oft schütteln, etwa einmal am Tag.

3 Likör durch ein Tuch seihen und verkosten. Nach Wunsch mit gekochter Zuckerlösung nachsüßen. Noch einmal filtrieren, am besten durch einen Papierfilter.

4 Likör in Flaschen füllen, gut verschließen. Der Likör sollte zumindest 3 Monate lang Ruhe bekommen, um nachzureifen.

Tips:
- Wenn Sie den Naturtrub des Likörs nicht scheuen, verwenden Sie für den Quittenlikör braunen Zucker, das schmeckt köstlich.
- Profis unter den Quittenlikörbereitern schwören auf ein Gläschen Rum oder einen Schluck weißen Rum zur Abrundung des Geschmacks.

RHABARBER

Der Rhabarber kommt aus China, schon vor 5000 Jahren galt die Staude mit den großen Blättern und dem dicken Wurzelstock dort als Heilpflanze. Auch in Sibirien ist der Rhabarber heimisch. Seinen Namen soll der Rhabarber von den Griechen bekommen haben. Die Pflanze war als Fremder, als „Barbar", aus dem Gebiet der „Rha", der Wolga, gekommen – so zumindest erzählt es die Legende. In Mitteleuropa ist Rhabarber erst seit etwa 1800 bekannt.
Die Volksheilkunde verwendet gern die Wurzeln des Rhabarbers, in alten Rezepten für Nußlikör werden Rhabarberwurzeln, genannt Russischer Rhabarber, als Gewürzbeigabe empfohlen. Auch klassische Liköre und Kräutermischungen wie Boonekamp, Alter Schwede und Alpenkräuterbitter verzichten nicht auf eine kleine Menge getrockneter Rhabarberwurzeln.
Zur Bereitung von Rhabarberlikör werden ausschließlich die dicken, fleischigen Stiele verwendet. Werfen Sie die Blätter weg, sie sind für den Genuß nicht geeignet! Auch sollte Rhabarber nie roh gegessen werden, das verursacht heftige Übelkeit. Die gekochten Rhabarberstiele aber sind reich an Vitamin C und wirken verdauungsfördernd. Für einen Ansatz sind die rötlich gefärbten Stiele den grünen vorzuziehen.

Für den Ansatz: 500 g Rhabarberstiele, 1 Stück der dünn geschälten Schale einer unbehandelten Orange, 1 Messerspitze Kardamom, 300 g Zucker, 0,3 l Wasser, 0,7 l Kornbranntwein 80%, 250 ml Malagawein.

1 Rhabarberstiele waschen, mit einem Messer die Schale abziehen, in etwa daumenlange Stücke schneiden.

2 Rhabarber mit Wasser und Gewürzen zu einem Kompott verkochen. Meist reicht eine Kochzeit von etwa drei Minuten, die Stiele sollen nicht zerkochen.

3 Kompott abkühlen lassen, in ein Ansatzgefäß geben, Gewürze dazugeben und alles mit Kornbranntwein übergießen. Gefäß gut verschließen und an einem Ort mit gleichbleibend warmer Temperatur 3 Wochen stehen lassen.

4 Rhabarberansatz durch ein Tuch seihen. Malagawein beifügen. Den Likör verkosten, ist er zu stark, verlängern Sie mit etwas reinem Wasser. Grundsätzlich ist der Likör jetzt fertig. Er kann in Flaschen gefüllt und gut verschlossen werden, er wird noch besser, wenn er 3 Monate in Ruhe nachreifen kann.

Variation: Experimentierfreudige können dem fertigen Likör im Herbst 5–8 Pflaumen zugeben. Man kann natürlich auch Dörrpflaumen verwenden. Auf jeden Fall passen Pflaumen und Rhabarber geschmacklich gut zueinander.

SCHLEHDORN

Der Schlehdornstrauch mit den spitzen Dornen hat schon in der Steinzeit unsere Vorfahren mit Blüten und Früchten versorgt. Pfarrer Kneipp lobte die Heilkraft der Schlehenblüten, sie sollen magenstärkend, schleimlösend und harntreibend wirken und auch die Gicht lindern können. Schlehenlikör wird aus den Früchten gewonnen. Diese sind klein, rund, dunkelblau und sollten nicht roh gegessen werden. Ihren herben Geschmack verlieren sie erst, wenn sie einige Male vom Nachtfrost gebrannt worden sind. Es empfiehlt sich, die geernteten Früchte auf Papier zu legen und einen Tag lang übertrocknen zu lassen.
Die Kerne der Schlehen wurden früher sehr gerne aufgeschlagen, zerkleinert und in den Ansatz gegeben. Der Likör bekam dadurch einen bittermandelähnlichen, an Kirschwasser erinnernden Geschmack. Nach heutiger Erkenntnis sollten Sie das aber keineswegs tun, denn gerade die Kerne sind alles andere als gesund. Richtig wäre es, die Früchte zu entsteinen und die Kerne wegzuwerfen. Das ist eine recht mühselige Angelegenheit. Wenn man aber davon ausgeht, daß vom Schlehdornlikör pro Person und Tag kaum mehr als 2–3 Gläschen getrunken wird, ist es auch gesundheitlich bedenkenlos, die ganzen Früchte in Alkohol anzusetzen. Sollten Sie aber entsteinen, legen Sie die Früchte einen Tag lang in die Sonne (oder für einige Zeit in den Backofen, auf kleinste Stufe stellen), dann läßt sich das Fruchtfleisch leichter von den Kernen lösen.

Sanddorn – auch „Rote Schlehe“ genannt – läßt sich nach demselben Rezept zu Likör verarbeiten wie Schlehdorn.

Für den Ansatz: 500 g Schlehen, 1 l Kornbranntwein 80%, 0,5 l reines Wasser.

1 Die Schlehen von Stielen und Blättern säubern, waschen und mit Küchenpapier trockentupfen. Sind die Schlehdornfrüchte ganz und nicht entsteint, sollten sie mit einer Gabel oder einer Nadel angestochen werden.

2 In ein Ansatzgefäß aus hellem Glas geben, mit Alkohol und Wasser übergießen, gut verschließen und an einen Platz mit gleichbleibend warmer Temperatur stellen. Wenn etwas Herbstsonne auf den Ansatz scheint, tut ihm das gut. 4–6 Wochen stehen lassen.

3 Den Ansatz abseihen, eine Zuckerlösung aus 400 g Zucker und 500 ml Wasser kochen. Geben Sie ein paar Gewürznelken, ein Stück einer Zimtstange und eine Messerspitze Kardamom in die Zuckerlösung und lassen Sie alles gemeinsam aufkochen. Abkühlen lassen und mit der Schlehenessenz vermischen.

4 Den Likör filtrieren. Er muß verkostet und nach Geschmack nachgesüßt oder mit Wasser leichter gemacht werden.

5 In Flaschen füllen, gut verschließen. Der Likör wird besser, je länger er lagert. Lassen Sie ihn auf jeden Fall ein halbes Jahr ruhen.

Variation: Nach demselben Rezept kann auch Sanddornlikör bereitet werden. Nicht zufällig werden die Früchte des Sanddornstrauchs auch „Rote Schlehen“ genannt.

Tip:
- Der Schlehdornlikör wird gerne mit einem guten Schuß Gin abgerundet.

SELLERIE

Die Nymphe Kalypso hat Odysseus, ihrem Liebsten, Sellerie kredenzt. So berichtet Homer, der in seinem Epos des öfteren von der duftenden Knolle schwärmt. Der hohe Gehalt an ätherischen Ölen ist es, der die nervenstärkende und luststeigernde Wirkung des Sellerie hervorruft. Knollensellerie ist aber nicht nur ein beliebtes Gemüse, sondern harmoniert wunderbar mit Weißwein, Zucker und klarem Alkohol. Während etwa Ende des 18. Jahrhunderts die Zubereitung von Sellerielikör weit verbreitet war – berühmt war der „Sellerie-Ratafia" – ist er heute weitgehend unbekannt.
Die Sellerieknollen sollten am besten ab Mitte September bis Mitte November angesetzt werden. Das ist die Erntezeit, und die Knollen sind frisch.

Für den Ansatz: 300 g erntefrische Sellerieknollen, 0,7 l Kornbranntwein 80%, 0,5 l reines Wasser, 50 g Selleriesamen (in Drogerie oder Reformhaus erhältlich). Später: ev. 3 Teebeutel Orangenblütentee.

1 Sellerieknollen von Stielen und Blättern befreien. Waschen, schälen und in Würfel schneiden. In ein Ansatzgefäß geben, Alkohol, Wasser und Selleriesamen beigeben. Gefäß gut verschließen und an einem Ort mit gleichbleibend warmer Temperatur 3 Wochen stehen lassen.

2 Ansatz durch ein Tuch seihen. Eine Zuckerlösung aus 250 g Zucker und 300 ml Wasser kochen. Noch besser allerdings wäre es, drei Teebeutel Orangenblütentee in der Lösung kurz aufwallen und ziehen zu lassen. Dieses Aroma bereichert den Likör sehr. Abkühlen lassen und mit dem Sellerieansatz vermischen.

3 Den Likör verkosten und nach Bedarf nachsüßen. In Flaschen füllen, gut verschließen und mindestens 2–3 Monate reifen lassen.

Tip: Eine Sellerieknolle, in Stücke geschnitten und in Zuckerwasser weich gekocht, wird übergekühlt und dann mit 0,5 l trockenem Weißwein aufgegossen. Eine Stunde stehen lassen, dann abseihen. Das ergibt ein erfrischendes Getränk und wirkt belebend.

STACHELBEERE

Stachelbeeren, in Österreich und Süddeutschland auch „Agrasln" genannt, werden gerne im Garten angepflanzt. Die flach wachsenden Sträucher stammen von einer wilden Stachelbeerart ab, die allerdings um die Jahrhundertwende durch einen Stachelbeermehltau fast gänzlich vernichtet wurde. Die heutigen Stachelbeerarten sind gegen diese Krankheit bereits immun, sie sind wenig kälteempfindlich und bringen reiche Ernte. Ihre Blüten werden vor allem von den Hummeln sehr geliebt. Für die Bereitung von Stachelbeermarmelade werden die mit kleinen Härchen besetzten Beeren geerntet, so lange sie noch grün und fest sind. Für den Likör sollten Sie warten, bis die Früchte überreif sind. Sie springen dann zwar leicht auf, aber sie entwickeln das beste Aroma. Stachelbeeren sind nicht nur reich an Vitamin C, sie haben auch einen Zuckergehalt von 8%, das ist der höchste aller einheimischen Beeren.

Für den Ansatz: 500 g Stachelbeeren, 200 g Kandiszucker, 1 l Kornbranntwein 80%, 0,5 l Wasser, ev. 1 Vanilleschote

1 Stachelbeeren von Stiel und Blütenansätzen befreien, waschen und mit Küchenpapier trockentupfen.

2 Beeren in ein Ansatzgefäß aus klarem Glas geben, mit allen anderen Zutaten vermischen. Glas gut verschließen und für 4 Wochen an einen warmen, sonnigen Platz stellen. Während dieser Zeit das Gefäß öfter schütteln, damit sich der Zucker gut auflöst.

3 Den Ansatz durch ein Sieb gießen, verkosten. Wenn die Beeren nicht ausreichend süß waren, werden Sie nun noch eine Zuckerlösung kochen müssen, z. B. aus 200 g Zucker und 300 ml Wasser. Abkühlen lassen und dann mit der Stachelbeeressenz vermischen. Setzen Sie keine Zuckerlösung zu, können Sie mit etwas reinem Wasser den Alkoholgehalt des Likörs herabsetzen.

4 Likör durch ein Filterpapier laufen lassen. Stachelbeeren sind reich an Pektin, vielleicht müssen Sie öfter filtrieren, wenn der Likör klar sein soll.

5 Likör in Flaschen füllen, gut verschließen. Der Likör sollte jetzt noch 2–3 Monate ruhen, dann schmeckt er noch besser.

Variation: Stachelbeeren eignen sich auch gut für einen „Quer-durch-den-Strauchgarten-Likör". Komponieren Sie nach Lust und Möglichkeit einen Beerenlikör aus Stachelbeeren, Johannisbeeren, Erdbeeren, Himbeeren. Auch die eine oder andere Dörrpflaume paßt gut dazu. Die Verarbeitung der Beerenmischung erfolgt nach obigem Rezept.

VOGELBEERE

Die Eberesche wächst oft strauchförmig, zählt aber zu den Bäumen. In alten Mythen wird der Eberesche große Heilkraft zugeschrieben. Die Zweige der Eberesche werden gerne als Wünschelruten verwendet. Das Begehrteste an der Eberesche aber sind die schönen, korallenroten Früchte, die Vogelbeeren. Gut ausgereift sind sie bittersüß, herb und reich an Vitamin C. Keineswegs sind sie, wie oft gewarnt wird, giftig. Allerdings ist es meist schwierig, an die reifen Früchte der Eberesche zu kommen. Nicht zufällig heißt sie Vogelbeere. Die Vögel lieben die erbsengroßen, kugeligen Früchte, die, jede Beere für sich, einem kleinen Apfel ähneln. Arrangieren Sie sich mit den gefiederten Freunden – für einen ersten Versuch reichen ein bis zwei Kilo Vogelbeeren, der reichliche Rest verbleibt am Baum für die Vögel.
Es gibt unter den Ebereschen eine Sorte, die sich besser als alle anderen zur Likörbereitung eignet. Es ist dies die beliebte Mährische Eberesche, deren Früchte zwar herb, aber nicht bitter sind.

Für den Ansatz: 0,5 kg Vogelbeeren, 1 l Kornbranntwein 80%, etwa 0,7 l Wasser, 300 g weißen Kandiszucker

1 Die Vogelbeeren verlesen, waschen und gut abtropfen lassen. Mit Küchenpapier sanft trockentupfen.

2 Die Beeren und Kandiszucker in ein Ansatzgefäß geben. Das Ansatzgefäß sollte aus hellem Glas sein, denn der Ansatz soll die erste Zeit in der Sonne ziehen können. Bedenken Sie, daß nach zwei Wochen noch etwa 0,7 l Wasser im Gefäß Platz haben sollen.

3 Beeren und Kandiszucker 1 Stunde lang stehen lassen.

4 Alkohol über die Beeren-Zucker-Mischung gießen. Die Früchte müssen völlig mit Flüssigkeit bedeckt sein, notfalls gießen Sie mit reinem Wasser auf. Das Ansatzgefäß einige Minuten sanft schütteln, dann gut verschließen. Für 2 Wochen an einen sonnigen Platz stellen. In dieser Zeit täglich durchschütteln.

5 Nach diesen 14 Tagen sollten Sie auf jeden Fall reines Wasser zusetzen, etwa 0,7 l. Nun kommt das Ansatzgefäß an einen dunklen Platz, der auch etwas kühler sein sollte. Ideal wäre ein Platz im Keller, aber auch ein nordseitig gelegener Raum ist geeignet. Im Notfall können Sie das Ansatzgefäß auch in Alufolie wickeln, um den Ansatz vor Licht zu schützen. Vier weitere Wochen lang soll der Ansatz noch ziehen. Schütteln muß man ihn nun nicht mehr.

6 Ansatz abseihen und filtrieren. Der Likör ist fertig. Kosten Sie und verlängern Sie nach Geschmack: Gekochte Zuckerlösung bringt mehr Süße, reines Wasser macht den Likör alkoholärmer.

7 Den fertigen Likör in Flaschen füllen, gut verschließen und zumindest einen Monat ruhen lassen.

Variation: Die Ebereschenfrüchte können auch ohne Zucker angesetzt werden, die Zubereitungsart ist dieselbe wie beim Likör. Der Ebereschenansatz schmeckt dann natürlich herb, wirkt aber verdauungsfördernd und appetitanregend.

Tip: Feinschmecker veredeln den Likör mit einem Schuß trockenen Rotwein.

WEICHSEL

Es soll der römische Feldherr und Feinschmecker Lucullus gewesen sein, der im ersten vorchristlichen Jahrhundert in Kleinasien sein Herz an die Weichseln verlor. Er brachte Früchte und Schößlinge nach Italien. Um 200 nach Christus sollen die ersten Weichseln nach Deutschland gekommen sein. Angeblich haben die Germanen anfangs keinen allzu großen Gefallen an den säuerlich-süßen Früchten gefunden. Heute, 800 Jahre später, haben die Weichseln oder Sauerkirschen der süßen Kirsche längst den Rang abgelaufen. Sie haben gegenüber der Kirsche auch einen ungeheuren Vorteil: die Kirschfruchtfliege meidet die Weichsel, somit ist diese fast immer madenfrei. Nicht nur aus diesem Grund werden die kleinen, hell- bis dunkelroten Früchte mit dem hohen Säuregehalt gerne zu Saft, Gelees und Marmeladen verkocht. Es gibt auch kaum eine Früchteart, von der so viele Likörrezepte weitergereicht werden, wie von den Weichseln. Sie werden in Rum, in Weinbrand, in Slibowitz, Wodka und in Rotwein angesetzt. Auch jede Art von Kombination des Weichselansatzes mit anderen Früchten ist sehr beliebt.

Für den Ansatz: 1 kg Weichseln, 1 l Kornbranntwein 80%, 0,5 l reines Wasser, 1 kleine Zimtstange, 5 Gewürznelken, 50 g Pfefferminzbonbons.

1 Weichseln entstielen, waschen und eventuell auch entsteinen.

2 Die Früchte in ein Ansatzgefäß aus klarem Glas geben und mit allen Zutaten vermischen. Gefäß gut verschließen und für 6 Wochen an einen sonnigen Platz stellen. Das Gefäß hin und wieder schütteln.

3 Ansatz durch ein Sieb abgießen, dann noch einmal durch ein Filterpapier laufen lassen. Eine Zuckerlösung aus 300 g Zucker und 400 ml Wasser kochen. Überkühlen lassen, mit der Weichselessenz vermischen. Likör verkosten und bei Bedarf nachsüßen.

4 Likör in Flaschen füllen, gut verschließen. Der Likör ist sofort trinkfertig, gewinnt aber durch längere Lagerung.

Variation: Weichselrum aus 1 kg Weichseln, 300 g Zucker, 1,5 l Rum. Weichseln waschen, entkernen. Mit 300 g Zucker und 1,5 l Rum in ein Ansatzgefäß aus Keramik oder dunklem Glas geben. Fest verschließen und an einem nicht zu warmen Platz (nicht über etwa 15 Grad) 3–5 Monate, am besten bis Weihnachten, stehen lassen. Der Rum wird als Getränk und zur Verfeinerung von Speisen genutzt. Die Weichseln werden als Beilage zu Fleischspeisen, wie z. B. zu Wild, und für süßen Nachtisch, wie z. B. Eis- oder Schokoladespeisen, aber auch Torten, verwendet. Diese Weichseln sind allerdings nicht für Kinder geeignet!

ZITRONE

Schon die Römer liebten Zitronen zum Würzen ihrer Speisen und Getränke. Für uns ist sie aus der täglichen Küche nicht mehr wegzudenken. Der saure, zusammenziehende Geschmack der Zitrone eignet sich geradezu ideal zum Kombinieren mit Zucker und Alkohol. Meist ist es ratsam, die Zitronen in der Zeit zwischen Herbst und Frühling anzusetzen. Aber es ist natürlich schwierig, über die Frische einer Frucht zu urteilen, die eine so lange Reise hinter sich hat. Achten Sie auf jeden Fall darauf, daß Sie unbehandelte Zitronen bekommen. Nur so kann der Zitronenlikör sein volles Aroma erhalten.

Für den Ansatz: 3 unbehandelte Zitronen, 200 g Zucker, 150 ml Wasser, 6–8 Korianderkörner, 0,7 l Kornbranntwein 40% oder Weinbrand.

1 Zucker mit Wasser aufkochen und unter ständigem Rühren 3–5 Minuten auf kleinster Flamme kochen lassen, bis eine Art Sirup entsteht.

2 Die ungeschälten Zitronen in Scheiben schneiden, mit einer Messerspitze die Kerne aus dem Fruchtfleisch entfernen. Die Zitronenscheiben in ein Ansatzgefäß aus hellem Glas geben. Den überkühlten, aber noch warmen Sirup darübergießen. Gewürzkörner beigeben, mit Alkohol aufgießen. Gefäß gut verschließen und an einem warmen, wenn möglich auch sonnigen Platz 4 Wochen stehen lassen.

3 Den Ansatz durch ein Sieb seihen, dann durch einen Papierfilter laufen lassen. Likör verkosten, nach Wunsch mit einer gekochten Zuckerlösung, z. B. aus 200 g Zucker und 250 ml Wasser, süßen.

4 In Flaschen füllen, gut verschließen. Den Likör noch etwa 4–6 Wochen nachreifen lassen.

Variation: Zitronenlikör kann auch ausschließlich aus Zitronenschalen bereitet werden: Die äußere Schale (Zeste) von 8 Zitronen wird mit dem Sparschäler so dünn wie möglich von den Zitronen geschält, in ein Ansatzgefäß gegeben und mit 1 l Kornbranntwein 80% übergossen. Gut verschließen und 48 Stunden an einem nicht zu kalten Platz stehen lassen. Dann abseihen, mit einer gekochten Zuckerlösung aus 500 g Zucker und 0,7 l Wasser vermischen. Filtrieren, in Flaschen füllen und gut verschließen. Am besten noch einige Wochen ruhen lassen.

LIKÖRE AUS BLÜTEN, KRÄUTERN UND GEWÜRZEN

ANGELIKA

Angelika ist ein imposantes, bis zu zwei Meter hohes Kraut, das in Küche und Volksmedizin gleichermaßen geschätzt wird. Während die Alternativköche die grünen Blätter als würzige Krönung von Saucen und Salaten verwenden, kandieren die Konditoren die Stiele der Angelika und verzieren damit Naschereien. Da die Volksmedizin den unterirdischen Teil der Pflanze verwendet, kommt es zu keinem Interessenskonflikt. Im Volksmund heißt die Angelika auch Zahnwurz, Brustwurz oder Engelswurz. Den letzten Namen hat sie erhalten, so erzählt die Legende, weil ein rettender Engel den Menschen die Wurzel brachte. Besonders in der Zeit, als die Menschen von Pest und Cholera heimgesucht wurden, schworen viele Mediziner auf die heilende Kraft der Wurzel der Angelika.
Die Wurzel wird ausgegraben, wenn die Pflanze zwei Jahre alt ist, dann gesäubert und getrocknet, in Stücke geschnitten oder zu Pulver verrieben. Die Angelikawurzel ist fixer Bestandteil vieler Bitter- oder Gewürzliköre. Für den Liköransatz besorgen Sie am besten Angelikawurzeln aus der Apotheke. Feiner wird der Likör, wenn Sie neben den Wurzeln auch ein wenig Angelikasamen, ebenfalls aus der Apotheke, ansetzen.

Für den Ansatz: 30 g getrocknete Angelikawurzel, 10 g Angelikasamen, 5 Körner Koriander, 1/2 Zimtstange, 1 l Kornbranntwein 40%.

1 Die Gewürze in ein Ansatzgefäß aus Glas oder Keramik geben, mit Alkohol übergießen. Gut verschließen und für 4 Wochen an einen warmen, aber nicht sonnigen Ort stellen.

2 Den Ansatz abseihen. Eine Zuckerlösung aus 300 g Zucker und 400 ml Wasser kochen. Abkühlen lassen und mit der Essenz vermischen. Den Likör verkosten und bei Bedarf nachsüßen. Nun das Gefäß wieder gut verschließen und für weitere 4 Wochen an obigen Ort stellen.

3 Den Likör filtrieren und in Flaschen füllen. Der Likör ist trinkfertig, schmeckt aber besser, wenn er noch 2 Monate ruhen kann.

Variation: Für die Bereitung von Angelikawein werden 50 g getrocknete Angelikawurzel mit 1 l trockenem Weißwein übergossen und 24 Stunden gut bedeckt an einen kühlen Platz gestellt. Dann abseihen und in Flaschen füllen. Angelikawein soll, gläschenweise getrunken, bei Magenbeschwerden helfen.

Tip: Angelikawurzel eignet sich vorzüglich zum Kombinieren mit Anis, Kümmel, Nelken, Kardamom. Nehmen Sie zum Beispiel von all diesen Zutaten jeweils einen halben Teelöffel und gießen Sie einen Liter Kornbranntwein 40% darüber. Die weitere Zubereitung erfolgt nach dem oben genannten Rezept. Sie können selbstverständlich auch nur einige der genannten Gewürze verwenden oder auch einige (ungeschwefelte) Rosinen hinzufügen. Der Fantasie zur Bereitung eines „Gewürzlikörs" sind hier keine Grenzen gesetzt.

ANIS

Anis kommt aus den östlichen Mittelmeerländern, wird aber heute in vielen Regionen angebaut. Von Indien, Japan, Kleinasien bis Spanien und sogar in Deutschland wird Anis auf Feldern gepflanzt. Anis, gerne auch „Süßer Kümmel" genannt, wird in der Volksheilkunde als krampflösendes, verdauungsförderndes Mittel empfohlen. Auch Blähungen kleiner Kinder werden mit Anistee behandelt.
In der Likörbereitung ist Anis ein nicht wegzudenkendes Gewürz. Der süße, fast lakritzenartige Geschmack gibt unter anderem den industriell hergestellten Likörsorten „Stonsdorfer", „Goldwasser" und „Abteilikör" den entscheidenden Geschmack. Auch für Branntweinsorten, z. B. den türkischen Raki und den griechischen Ouzo, werden Anissamen verwendet. Zur Likörbereitung empfiehlt der große Artusi, der italienische Gastrosoph des 19. Jahrhunderts, auf jeden Fall Anissamen aus der Romagna zu verwenden, „denn der Anis, der bei uns wächst, ist nach Duft und Geschmack ohne Übertreibung der beste auf der Welt".
In der Praxis wird es heute wohl so sein, daß Sie für Ihren Ansatz die Anissamen aus den Gewürzsäckchen, die in allen Lebensmittelgeschäften erhältlich sind, verwenden, denn diese sind von ausgezeichneter Qualität. Zur Abrundung des aromatischen Anislikörs – auch Anisette genannt – wird gerne Sternanis mit angesetzt.

Für den Ansatz: 20 g Anis, 10 g Sternanis, 1 kleine Zimtstange, 1 l Kornbranntwein 40%.

1 Gewürze und Alkohol in ein Ansatzgefäß geben. (In diesem Fall kann man auch die Gewürze direkt in die handelsübliche Flasche des Kornbranntweins dazufüllen.) Gefäß gut verschließen und an einen Ort mit gleichbleibend warmer Temperatur, nicht unter 15 Grad, stellen. 1 Woche lang stehen lassen.

2 Den Ansatz durch einen Papierfilter seihen. Eine Zuckerlösung aus 400 g Zucker und 400 ml Wasser kochen. Abkühlen lassen und mit der Essenz vermischen. Anislikör verkosten und bei Bedarf nachsüßen.

3 Likör in Flaschen füllen, gut verschließen. Der Likör schmeckt besser, wenn er noch 4 Wochen ruhen kann.

Variation: Anis wird auch gerne in Wein angesetzt. Hier reichen 30 g Anis auf 1 l trockenen Weißwein. Eine Woche stehen lassen, abseihen. Gläschenweise getrunken soll der Aniswein auch Blähungen lindern.

Tip: Anisliköre werden gerne mit Kirschensaft gemischt. Grundsätzlich bietet sich Anis für viele Arten von Likörkompositionen an. Anis paßt gut zu Zitronen, auch eine Handvoll Rosinen kann dem Ansatz beigemengt werden. Auch Fenchelsamen und Koriander runden den Anisgeschmack ab. Testen Sie doch mit kleinen Probeansätzen Ihren persönlichen Geschmacksfavoriten aus.

BASILIKUM

Schon seit Jahrtausenden ist das Basilikum, auch Basilienkraut genannt, eine beliebte Gewürz- und Heilpflanze. Das weißblühende Basilikum hat seine Heimat in den tropischen Gebieten. Bis heute wird es auch „Königskraut“ genannt, denn in den Grabkammern der ägyptischen Pyramiden wurden Reste von Basilikumkränzen gefunden. Die römischen Caesaren, die alten Griechen, sie alle schätzten die würzig duftende Pflanze. Im 12. Jahrhundert brachten christliche Mönche vom Süden her mit ihrem Glauben auch das Basilikum nach Mitteleuropa. Wild wachsend kommt das Kraut nur südlich der Alpen vor. In den klimatisch nicht so günstigen Gegenden hat das Basilikum in den letzten Jahren einen festen Platz im Hausgarten und auch in Balkonkistchen bekommen. Die Bienen lieben die blühenden Pflanzen, die sich vorzüglich zum Würzen eignen und aus denen sich, in Alkohol angesetzt, ein wunderbarer Likör bereiten läßt. Und nicht zuletzt wirkt das Basilikum beruhigend auf die Nerven und „bewegt zu ehelichen Werken“, wie es Kräuterkundige des Mittelalters so blumig formulierten.
Geerntet wird am besten, wenn die Pflanze in Blüte steht, in dieser Zeit ist sie voll von ätherischen Ölen. Wenn Sie Basilikum im Gemüseladen oder am Markt kaufen, lassen Sie es nicht lange liegen, sondern verarbeiten Sie es rasch.

Für den Ansatz: 2 Handvoll ganzes Basilikum mit Blättern, Stielen, Blüten (wenn Sie Basilikum kaufen: 1 Bund Basilikum), 1 l Kornbranntwein 40% oder Weinbrand, 1 Stück Schale einer unbehandelten Orange (möglichst dünn abschälen, so daß die weiße Haut auf der Frucht bleibt).

1 Basilikum muß nicht unbedingt gewaschen werden, vor allem dann nicht, wenn es blüht. Wenn Sie es aber waschen wollen, achten Sie darauf, daß das Wasser kalt ist. Kräuter nach dem Waschen gut mit Küchenpapier trockentupfen.

2 Das ganze Kraut in ein Ansatzgefäß geben, das Licht nicht durchläßt. Orangenschale und Alkohol beifügen. Gefäß gut verschließen und für 3 Wochen an einen Ort mit gleichbleibend warmer Temperatur (nicht unter 15 Grad), aber nicht in die Sonne stellen.

3 Ansatz durch ein Sieb seihen. Eine Zuckerlösung aus 300 g Zucker und 400 ml Wasser kochen. Abkühlen lassen und mit der Essenz vermischen.

4 Likör in Flaschen füllen, gut verschließen und an einem nicht zu warmen Platz (nicht über 15 Grad) 2 Wochen ruhen lassen. Den nun fertigen Likör filtrieren. Soll er ganz klar werden, müssen Sie unter Umständen im Abstand von mehreren Stunden einige Male filtrieren.

Variation: Ein Basilikumgeist wird auf dieselbe Art angesetzt, aber ohne Orangenschalen. Auch Zuckerlösung wird nicht beigefügt. Die Volksheilkunde empfiehlt ihn bei Appetitlosigkeit und Verdauungsbeschwerden.

Tip: Basilikumlikör hat einen Geschmack, der zart an Anis und Gewürznelken erinnert. Das Basilikum eignet sich vorzüglich zum kombinierten Ansetzen mit anderen Kräutern und Gewürzen.

KAMILLE

Die Kamille ist genügsam, sie wächst mitten im Feld, blüht an Feldwegen, an Abhängen und sogar auf Schutthalden – Hauptsache, der Platz liegt in der Sonne. Unter den verschiedenen Kamillenarten ist es vor allem die Echte Kamille, die sich für den Ansatz in Alkohol anbietet. Ihr gegenüber stehen die Geruchlose Kamille und die Hundskamille, beide sind nicht giftig, aber im Vergleich zur Echten Kamille wertlos und zur Bereitung von Tee oder Ansätzen nicht geeignet. Der auffallendste Unterschied ist der Duft: Die ätherischen Öle geben der Echten Kamille einen feinen Geruch, den die anderen nicht haben. Zerreiben Sie ein paar Blüten zwischen den Fingern, wenn Ihnen Kamillenduft in die Nase dringt, haben Sie die Echte Kamille in der Hand.

Die Kamille kann auch im Garten angepflanzt werden, sie ist anspruchslos und sogar als Bodendecker geeignet. Aus den Kamillenblüten läßt sich ein bräunlicher Likör mit ganz besonderem Aroma bereiten. Der ausgeprägte, feine, leicht bittere Geschmack, der sich während des Ansatzes entwickelt, ist allerdings nicht jedermanns Sache. Wenn Sie Lust zum Experimentieren haben, probieren Sie den Kamillenlikör. Sollte Ihnen der Geschmack nicht zusagen, können Sie ihn immer noch in die Hausapotheke stellen. Gläschenweise getrunken lindert er Entzündungen aller Art. Das stellte übrigens schon der Dichter Karl Heinrich Waggerl fest, als er über die Kamille schrieb:

„Sie blühn und warten unverzagt
auf jemand, den das Bauchweh plagt.“

Übrigens, Kamillenlikör kann auch aus getrockneten Kamillenblüten (Apotheke, Drogerie) zubereitet werden.

Für den Ansatz: 2 Handvoll frische Kamillenblüten (oder 100 g getrocknete), 1 l Kornbranntwein 40% oder Weinbrand.

1 Die frischen Blüten von den Stielen schneiden, auf einen Bogen Papier legen und einen Tag lang übertrocknen lassen. Sie sollten dabei aber nicht in der prallen Sonne liegen, besser im Halbschatten oder Schatten.

2 Blüten in ein Gefäß aus klarem Glas geben, mit Alkohol übergießen. Gut verschließen und für 3 Wochen an einen sonnigen Platz stellen.

3 Den Ansatz abseihen. Eine Honiglösung aus 300 g Honig und 350 ml Wasser bereiten.

4 Überkühlte Honiglösung mit der Essenz vermischen. Den Likör gut verschließen und noch 2 Wochen ruhen lassen. Dann durch einen Papierfilter filtrieren.

5 Likör in Flaschen füllen, gut verschließen. Der Likör ist trinkfertig.

Tip: Natürlich kann auch dieser Likör mit Zuckerlösung gesüßt werden. Zu einem derart „gesunden" Produkt wie dem Kamillenlikör paßt aber der Honig viel besser. Sie sollten den Honig auch nicht aufkochen, sondern nur unter ständigem Rühren in warmem Wasser auflösen. Der Likör wird dann zwar nicht klar, aber der Honig behält seine Wirkstoffe.

KÜMMEL

Der Kümmel ist eine der ältesten, wenn nicht sogar die älteste Gewürzpflanze Europas. Schon in den prähistorischen Pfahlbauten wurden Kümmelsamen gefunden. Die Kümmelpflanze liebt feuchte, tiefgründige Böden, wächst gern auf Wiesen und kommt wild wachsend in ganz Europa vor. Gerne wird der einen Meter hohe Kümmel mit den weißen und rosa Doldenblüten im Gemüsegarten angebaut.
Zur Bereitung von Kümmellikör werden die braunen Samen verwendet. Wer diese von den eigenen Pflanzen ernten will, muß Geduld haben, denn erst im zweiten Jahr bildet der Kümmel diese aus. Wenn Sie nicht so lange warten wollen, verwenden Sie den Kümmel aus den Gewürzsäckchen der Lebensmittelgeschäfte – er ist von ausgezeichneter Qualität. Zur Zeit unserer Großmütter war Kümmellikör übrigens der Hit unter den selbstgemachten Likören. Vielleicht auch deshalb, weil er das ganze Jahr über schnell und unkompliziert anzusetzen ist. In der industriellen Likörbereitung wird Kümmel oft eingesetzt, so z. B. für die Sorten „Allasch" und die Kümmelliköre „Berliner Kümmel", „Breslauer Kümmel", „Rostocker Kümmel".
Die Volksheilkunde sagt dem Kümmel große Wirkung bei Magenschmerzen, Blähungen und Verdauungsbeschwerden nach, auch soll er den Appetit anregen. Der Volksglauben wiederum schrieb dem Kümmel sogar beschützende Kräfte zu. Noch im 18. Jahrhundert sollen in Norddeutschland ängstliche Menschen ein Säckchen Kümmel am Leib getragen haben, um sich dadurch vor Hexen und bösen Geistern zu schützen.

Für den Ansatz: 70 g Kümmel, 1 l Kornbranntwein 40%, 1/8 l Wasser.

1 Wasser einmal aufkochen. Den Kümmel in ein Ansatzgefäß aus Glas geben, mit dem nicht mehr kochenden, aber noch sehr heißen Wasser überbrühen. Abkühlen lassen, dann den Alkohol zugießen. Gefäß gut verschließen und für 6 Wochen an einen warmen, wenn möglich auch sonnigen Platz stellen.

2 Den Ansatz durch ein Filterpapier laufen lassen. Eine Zuckerlösung aus 300 g Zucker und 300 ml Wasser kochen. Überkühlen lassen, mit der Kümmelessenz mischen. Den Likör verkosten und nach Geschmack nachsüßen, bzw. bei Bedarf mit einem Schuß Kornbranntwein den Alkoholgehalt erhöhen.

3 Gefäß gut verschließen, noch 1 Woche stehen lassen. Dann, wenn nötig, noch einmal filtrieren.

4 In Flaschen füllen, gut verschließen. Der Likör ist trinkfertig, wird aber noch besser, wenn er 2–3 Monate ruhen kann.

Variation: Eine zweite Möglichkeit der Likörbereitung aus 70 g Kümmel und 1 l Kornbranntwein 40% geht noch schneller:
Kümmel zum Alkohol in die Flasche geben, gut verschließen. 3 Wochen an einem warmen, möglichst sonnigen Ort stehen lassen, dann abseihen. Eine Zuckerlösung aus 300 g Zucker und 400 ml Wasser kochen, abkühlen lassen und mit der Essenz vermischen. In Flaschen füllen, gut verschließen und noch 2–3 Monate ruhen lassen.

Tip: Wenn Sie Lust zum Experimentieren haben, komponieren Sie Ihren eigenen Gewürzlikör. Kümmel paßt ausgezeichnet zu Zimt, Anis- und Fenchelsamen, aber auch zu einem kleinen Stück dünn abgeschälter Zitronen- oder Orangenschale. Bei einer Gewürzmischung empfiehlt sich als Verfahrensweise die zweite Variante.

LÖWENZAHN

Der Löwenzahn ist eine Pionierpflanze. Wo immer seine Samen einen Spalt finden, lassen sie sich nieder, wurzeln ein und treiben aus. Das ist übrigens ein Kennzeichen aller sogenannten „Unkräuter". Es ist ihre Aufgabe in der Natur, aus vorerst unfruchtbaren Böden, Schutthalden, sogar aus Felsenboden fruchtbaren Untergrund für anspruchsvollere Vegetation zu schaffen. Schon an dieser Vorreiterrolle zeigt sich, wie falsch und mißverständlich der Begriff „Unkraut" für Pflanzen ist, die durch ihr eigenständiges Wachsen unseren unnatürlichen Ordnungssinn stören. Die Volksheilkunde lobt vor allem die blutreinigende Kraft des Löwenzahns. Für die Likörbereitung werden ausschließlich die goldgelben Blütenköpfe verwendet. Sie sollten im April oder Mai angesetzt werden, wenn sie in voller Blüte stehen. Die Sommerblüten entwickeln nicht mehr das gleiche volle Aroma. Pflücken Sie die Blüten bei sonnigem Wetter, aber nicht von Pflanzen, die in der Nähe stark befahrener Straßen wachsen. Die Verschmutzung durch Abgase läßt sich auch durch gründliches Abwaschen nicht entfernen.

Für den Ansatz: 3 Handvoll Löwenzahnblüten (etwa 40–60 Blütenköpfe), 1 unbehandelte Zitrone, 1 l Kornbranntwein 40%.

1 Blüten von Stielen und Blättern befreien. Nun sollten Sie die gelben Blütenblätter auszupfen, das ist mühsam, aber es lohnt sich. Wenn Sie die ganzen Blüten verwenden, wird der Likör leicht bitter.

2 Blütenblätter in ein Ansatzgefäß aus klarem Glas geben, die ungeschälte Zitrone in Scheiben schneiden und beifügen, alles mit Alkohol übergießen. Gut verschließen und für 1 Woche an einen sonnigen Platz stellen.

3 Den Ansatz durch ein Sieb seihen, dann filtrieren. Eine Honiglösung aus 300 g Honig und 400 ml Wasser bereiten. (Wenn Sie den Honig unter ständigem Rühren leicht erwärmen, bis er sich auflöst, bleiben seine Wirkstoffe erhalten, aber er bildet Schlieren. Kochen Sie den Honig auf, gehen Wirkstoffe verloren, aber der Likör wird klar.) Mit dem Ansatz vermischen. Einen Tag stehen lassen, dann nochmals filtrieren.

4 In Flaschen füllen, gut verschließen. Der Likör sollte nun 3 Monate ruhen.

Variation:

- Einen „Löwenzahngeist" erhalten Sie, wenn Sie dem gereiften Ansatz keine Honiglösung zusetzen. Der Löwenzahngeist gehört in die Hausapotheke, er wird in der Volksmedizin zur Verbesserung des gesamten Stoffwechsels empfohlen.
- Auch einen Löwenzahnwein können Sie aus den ausgezupften Blütenblättern bereiten: Eine Handvoll Blütenblätter mit 1 l leichtem, trockenem Weißwein übergießen. 24 Stunden lang an einem eher kühlen, dunklen Ort stehen lassen, dann abseihen. Der Wein kann sofort getrunken werden.

MELISSE

Die Melisse wurde von den Ärzten der Antike wegen ihrer Heilkraft außerordentlich geschätzt. Die Pflanze mit den glänzenden, leicht behaarten Blättern stammt aus dem Orient, Benediktinermönche haben sie nach Mitteleuropa gebracht. Im Klostergarten hatte die Melisse einen festen Platz. Karl der Große verordnete per Dekret, die Melisse im ganzen Land anzubauen. 1611 wurde in Paris, im Kloster der Barfüßigen Karmeliter, der erste „Melissengeist" in Flaschen abgefüllt. Er blieb ein Geheimmittel, erst Maria Clementine Martin, eine ehemalige Karmeliterin, machte den Melissengeist für alle zugänglich. Im Jahr 1825 ließ sie ihren Betrieb in Köln registrieren und die 12-Kräuter-Rezeptur vor jeglicher Nachahmung schützen. Der Melissengeist dient, laut Frau Martin, „zur Belebung der Sinne, zur Stärkung der Nerven und wirkt sehr wohlthätig bei Ohnmachten, Schwäche und Unverdaulichkeit des Magens . . .", bei Rheuma wird die Einreibung mit Melissengeist empfohlen.

Für den Melissenlikör sollten die frischen, ganzen Pflanzen kurz vor der Blüte geerntet werden. Reiben Sie ein frisches Blatt zwischen den Fingern und genießen Sie den Zitronenduft. Wegen seines zarten Aromas ist das Melissenkraut auch bei Bienen sehr begehrt.

Für den Ansatz: 1–2 Handvoll Melissenblätter, 1 l Kornbranntwein 40%.

1 Melissenblätter abzupfen, in ein Ansatzgefäß aus klarem Glas geben. Mit Alkohol übergießen, gut verschließen. An einem warmen, sonnigen Ort 1 Woche stehen lassen.

2 Den Ansatz abseihen. Eine Honiglösung aus 300 g Honig und 400 ml Wasser bereiten. Unter ständigem Umrühren sanft erwärmen, bis sich der Honig im Wasser aufgelöst hat. Mit dem Ansatz vermischen.

3 Durch ein Filterpapier laufen lassen. Nun verkosten und bei Bedarf nachsüßen.

4 In Flaschen füllen, verschließen. Der Likör kann sofort getrunken werden. Melissenlikör gewinnt durch lange Lagerung nicht an Geschmack.

PFEFFERMINZE

Die Minze ist eine seit Jahrtausenden begehrte Würz- und Heilpflanze. Sie wird schon in alten chinesischen Kräuterbüchern beschrieben, in Ägyptischen Pyramiden wurden Reste von Minzeblättern gefunden, und die christlichen Mönche, die die Pflanze nach Mitteleuropa brachten, waren voll des Lobs über die Heilkraft der Minze. Die rosa bis violett blühende Pfefferminze ist jünger, sie ist durch Kreuzung aus Wasserminze und Grüner Minze entstanden. Wild wachsend kommt sie auf feuchten Standorten vor, sie hat aber auch einen festen Platz im Kräutergarten. Durch ihren kampferartigen Geruch ist die Pflanze bei Katzen sehr beliebt. Wer seinem Haustiger ein ausgiebiges Pfefferminzbad nicht gönnt – die Tiere wälzen sich nämlich nächtens gerne in den Pfefferminzbeeten –, sollte die Kräuter daher mit einem katzensicheren Gitter schützen.

Für den grünen Pfefferminzlikör sollen die Pflanzen kurz vor der Blüte geerntet werden. Nicht früh am Morgen, sondern dann, wenn die Sonne am höchsten steht, denn nur dann kann sich der Ölgehalt voll entfalten. Pfefferminzlikör kann aber auch mit getrockneten Blättern (aus Apotheke oder Reformhaus) angesetzt werden.

Für den Ansatz: etwa 10–15 frische Pfefferminzzweige (oder etwa 70 g trockene Pfefferminzblätter), 5 Korianderkörner, 3 Gewürznelken, 1 l Kornbranntwein 40%.

1 Blätter von den Zweigen zupfen. (Kleinere Stielreste dürfen ruhig in den Ansatz hinein.)

2 Blätter und Gewürze in ein Ansatzgefäß aus Glas oder Keramik geben, mit Alkohol übergießen. Gut verschließen und für 4 Wochen an einen warmen Ort, aber nicht in die Sonne stellen.

3 Den Ansatz durch ein Sieb seihen, dann filtrieren. Eine Zuckerlösung aus 350 g Zucker und 400 ml Wasser kochen. Überkühlen lassen und mit der Pfefferminzessenz vermischen.

4 Likör verkosten und bei Bedarf nachsüßen. In womöglich dunkle Flaschen füllen, gut verschließen und etwa 2 Monate ruhen lassen.

Variation: Füllen Sie eine kleine Menge des Pfefferminzansatzes in ein Fläschchen, bevor Sie die Zuckerlösung beifügen. Der so gewonnene

„Pfefferminzgeist“ wird von der Volksmedizin zur inneren Einnahme bei Magen- und Darmkatarrhen und als Einreibemittel bei Kopfschmerzen empfohlen.

Tip:

- Zur Geschmacksabrundung werden dem Pfefferminzlikör gerne ein Gläschen Himbeergeist oder auch ein paar Tropfen Rosenwasser beigefügt.
- Der Pfefferminzlikör ist einer der wenigen Liköre, bei dem es sich empfiehlt, ihn auch gekühlt zu reichen. Servieren Sie ihn im Sommer mit einem Eiswürfel, das ergibt ein erfrischendes Getränk!

ROSE

Die Rose gilt als die Königin der Blumen, und das nicht nur wegen ihrer Schönheit, sondern vor allem wegen ihres betörenden Duftes. Daß sie auch zu den Heilpflanzen zählt, ist weitgehend unbekannt. Ein Tee aus getrockneten Rosenblättern wird in der Volksheilkunde zu Blutreinigung und Nervenstärkung empfohlen. Bei Zahnschmerzen kann der Tee zur Mundspülung verwendet werden, bei Kopfschmerzen soll man die Schläfen damit einreiben. Schon der Tee aus den Blättern der voll erblühten Rose – es gibt mehrere tausend verschiedene Rosenarten! – schmeckt wunderbar. Der Rosenblütenlikör aber ist sicherlich einer der edelsten unter den Likören. Allerdings müssen Sie, wenn Sie diesen Likör bereiten, vorsorgen. Die Rosen, deren Blütenblätter Sie verwenden wollen, dürfen nämlich nicht gespritzt oder anders chemisch behandelt werden. Pflücken Sie die Rosen an einem warmen, sonnigen Tag, möglichst zur Mittagszeit.

Für den Ansatz: Etwa 5 Handvoll Rosenblätter, 0,5 l Wasser. Später: 1 l Kornbranntwein 40%, 1 Messerspitze Kardamom, 1 Vanilleschote, 300 g Zucker (noch besser Honig), 300 ml Wasser.

1 Die Blütenblätter von Stielen und grünen Blättern befreien, vom Fruchtansatz lösen. Nicht waschen!

2 In ein Ansatzgefäß aus Keramik oder dunklem Glas geben. 0,5 l Wasser zum Kochen bringen, abkühlen lassen, bis es lauwarm ist. Wasser über die Rosen gießen. Das Gefäß gut verschließen und 2–3 Tage an einen nicht zu kalten Ort (nicht unter 15 Grad), aber nicht in die Sonne stellen.

3 Ansatz durch ein Sieb seihen. Die Honiglösung (Zuckerlösung) kochen und mit dem Ansatz und den Gewürzen vermischen. Alkohol dazugießen. Gefäß gut verschließen und wieder für 4 Wochen an einem warmen Ort ziehen lassen.

4 Den Likör filtrieren und verkosten. Bei Bedarf nachsüßen.

5 In Flaschen füllen, gut verschließen. Der Likör ist trinkfertig, wird aber geschmacklich besser, wenn er 2–3 Monate ruhen kann. Die Grundregel lautet: Der im Sommer angesetzte Rosenblütenlikör ist zu Weihnachten gerade recht.

Tips:

- Der Rosenblütenlikör kann auch mit einem Gläschen Kirschwasser abgerundet werden. Probieren Sie aber vorerst an einer kleinen Menge, ob Ihnen diese Geschmacksrichtung zusagt!
- Für diesen edlen Likör sollten Sie die Honiglösung kurz zum Kochen bringen. Der Honig verliert zwar einige seiner Wirkstoffe, leidet aber geschmacklich nicht darunter. Und der Rosenblütenlikör sollte doch klar und frei von Honigschlieren sein.
- Aus Rosenblüten läßt sich auch Rosenwasser herstellen, das Rezept dazu steht im „Tip“ auf Seite 105.

ROSMARIN

Der Rosmarin ist der griechischen Göttin Aphrodite, der Göttin der Schönheit und der Liebe geweiht. Und ein Zeichen der Liebe ist der immergrüne Strauch mit den weißen oder blaßblauen Blüten bis heute geblieben. In vielen Volksliedern wird der Rosmarin besungen, und wenn es heißt, jemand wolle sich „vom Rosmarin pflücken", so steht hinter der blumigen Formulierung ein eindeutiges Angebot, das noch vor einem halben Jahrhundert von jedermann und jeder Frau richtig verstanden wurde. Bei vielen Völkern galt der Rosmarin auch als Zauberkraut, mit dessen Hilfe sich Unheil und böse Geister abwehren ließen.
Die Volksheilkunde preist den Rosmarin als herz- und kreislaufstärkend, die Kochkunst lobt ihn als intensives Gewürz, und auch in der Kosmetik finden die graugrünen, schmalen Rosmarinblättchen, die an Tannennadeln erinnern, Verwendung. In der industriellen Likörbereitung wird der Rosmarin aufgrund seines starken, herben, fast kampferartigen Aromas für viele Bitterliköre genutzt. Der eigentliche Rosmarinlikör hat einen prägnanten Geschmack, ein wenig harzig und doch sehr interessant. Versuchen Sie es zuerst mit einer kleinen Menge, denn Rosmarin ist nicht jedermanns Geschmack.
Der Rosmarin wird gerne in Pflanzkübeln gesetzt, er ist nicht winterhart und muß im Herbst ins Haus gebracht werden.
Geerntet wird der Rosmarin den ganzen Sommer über. Schneiden Sie ein Stück der Triebspitzen ab, aber nur so viel, daß die Pflanze weiter wachsen kann. Rosmarinlikör kann auch aus getrocknetem Rosmarin bereitet werden.

Für den Ansatz: etwa 30–40 der kleinen, nadelartigen Rosmarinblätter (oder 70 g getrockneter Rosmarin), 1 l Kornbranntwein 40%.

1 Rosmarinblätter von den Stielen lösen. In ein Ansatzgefäß aus klarem Glas geben, Alkohol darübergießen. Gefäß gut verschließen und für 6–8 Wochen an einen warmen, wenn möglich sonnigen Platz stellen.

2 Den Ansatz abseihen. Eine Zuckerlösung aus 350 g Zucker und 400 ml Wasser kochen. Überkühlen lassen und mit der Essenz vermischen. Nun muß der Likör verkostet werden. Sie können je nach Wunsch mit Zuckerlösung nachsüßen oder mit etwas reinem Wasser den Alkoholgehalt herabsetzen. Bei Bedarf über Papierfilter fein nachfiltrieren.

3 In Flaschen füllen, gut verschließen. Der Likör sollte jetzt noch 2 Monate reifen.

Variationen:

- Auf dieselbe Weise bereiten Sie einen Rosmaringeist, allerdings ohne die Zuckerlösung beizufügen. Er kann zwar auch „innerlich" angewendet werden, wird aber in der Volksheilkunde vor allem zur Einreibung empfohlen: bei geistiger Abgespanntheit, bei Kopf- und Nervenschmerzen, Muskelzerrungen und sogar bei rheumatischen Beschwerden.
- Beliebt ist auch die Bereitung von Rosmarinwein. Hier werden 20–30 Rosmarinblätter (trocken: etwa 70 g) mit 1 l trockenem Weißwein vermischt und gut verschlossen für 2–3 Tage an einem kühlen, schattigen Ort stehen gelassen. Danach abseihen und in Flaschen füllen. Der Rosmarinwein ist würzig, herb und anregend. Er gilt als herzstärkend, gibt aber auch einen ausgezeichneten Aperitif ab.

SALBEI

Schon die antiken griechischen Ärzte haben den Salbei als Heilmittel genutzt, die Römer kannten und schätzten ihn, und auch die heilkundigen Klosterbrüder und -schwestern des Mittelalters lobten die Heilpflanze. Der Salbei mit den graugrünen, länglichen Blättern und den blauen oder violetten Blüten ist berühmt für seine blutreinigende, entzündungshemmende Kraft. Ein Salbeiblatt bei Zahnfleischentzündung auf die wunde Stelle gelegt wirkt schmerzstillend. In der Küche wurde der Halbstrauch, dessen Stengel leicht holzig werden, früher als Gewürz der armen Leute bezeichnet. Sie konnten sich zwar die teuren, importierten Gewürze nicht leisten, aber mit ein paar Salbeipflanzen, in einer Gartenecke angebaut, kamen sie ganz gut über die Runden. Die Salbeiblätter mit ihrem kräftigen, würzigen Aroma verfeinern sowohl Fisch-, Fleisch- und Geflügelspeisen wie auch Teigwaren und sogar Kuchen. Die getrockneten Salbeiblätter haben zwar noch immer einen starken Duft, aber frische Blätter entwickeln ein stärkeres Aroma. Auf Wiesen wächst gerne der Wiesensalbei mit seinen dunkelblauen, fast violetten Blüten. Er ist zwar für Ansätze geeignet, läßt sich aber in Geruch, Aroma und Wirkung mit dem Echten Salbei, der in Gärten angebaut wird, nicht vergleichen. Besorgen Sie also Echten Salbei für Ihren Ansatz, er wird im Sommer auf Bauernmärkten angeboten. Selbstverständlich können Sie für den Ansatz auch getrocknete Salbeiblätter aus der Apotheke verwenden.
Salbei eignet sich vorzüglich zur Bereitung eines Kräuterbitters. In Kombination mit anderen Kräutern verliert sein ausgeprägtes Aroma etwas von der Strenge.

Für den Ansatz: etwa 25 Salbeiblätter, 5 Blätter Basilikum, 10 Pfefferminzblätter, 1 l Kornbranntwein 40%.

1 Blätter in ein Ansatzgefäß aus klarem Glas geben, mit Alkohol übergießen. Gut verschließen und für 1 Woche an einen warmen, sonnigen Platz stellen.

2 Ansatz abseihen und filtrieren. Eine Zuckerlösung aus 300 g Zucker und 400 ml Wasser kochen. Überkühlen lassen und mit der Essenz vermischen. Der Likör muß nun verkostet und bei Bedarf mit Zuckerlösung nachgesüßt werden.

3 In Flaschen füllen, gut verschließen und 2 Monate ruhen lassen. Wahrscheinlich müssen Sie danach den Likör nochmals filtrieren, damit er ganz klar wird.

Tip: Salbeiblätter eignen sich vorzüglich zum Kombinieren. Probieren Sie doch einen „Quer-durch-den-Kräutergarten-Likör"! Melisse, Thymian, Rosmarin – sie alle passen zum Salbei. Nehmen Sie von allen Kräutern, die Sie an einem sonnigen Tag ernten können, ein paar Blätter, vielleicht noch ein kleines Stück Zitronenschale, 2–3 Gewürznelken und eine halbe Zimtstange dazu. Setzen Sie alles mit einem Liter Kornbranntwein 40% an. Für die weitere Verarbeitung gilt das obige Rezept.

SCHLÜSSELBLUME

Die Schlüsselblume gehört zu den ersten Frühlingsboten, „Fastenblume" wird sie auch genannt und „Allelujablümel". Aber auch „Gichtblume" und „Arzneiprimel", denn die Volksheilkunde schätzt die Heilstoffe der Schlüsselblume. Wurzeln, Blüten und Blätter werden vielseitig verwendet, vor allem bei Husten und Verkühlungen ist die schleimlösende Wirkung der Schlüsselblume gefragt. Und Pfarrer Kneipp empfahl den regelmäßigen Genuß von Schlüsselblumentee vor allem bei Gicht und Rheuma. Es sind allerdings die langstieligen, meist auf Wiesen und an Waldrändern wild wachsenden gelben Schlüsselblumen, die all diese Heilkräfte besitzen. Die kurzstengeligen, bunten Zwerg- und Gartenprimeln sind zur Tee- und zur Likörbereitung nicht geeignet.

Die Blumen, die Sie für den Schlüsselblumenlikör pflücken, sollten nicht in der Nähe stark befahrener Straßen wachsen. Pflücken Sie nur die Blütenköpfe und auch niemals von einer Pflanze alle. Reißen Sie keineswegs die ganze Pflanze aus, denn die Bienen brauchen im Frühling jede Nahrung. Für den gelblichen, aromatischen Likör werden die ganzen Blüten verwendet, die Blütenblätter enthalten die ätherischen Öle, der grüne Blütenkelch Vitamin C.

Für den Ansatz: etwa 25–30 Blütenköpfe, 300 g Zucker (noch besser 250 g Zucker, 50 g Pfefferminzbonbons), 1 l Kornbranntwein 40% oder Weinbrand

1 Die Blütenköpfe (samt dem grünen Kelch) in ein Ansatzgefäß aus Glas oder Keramik geben. Mit Zucker bedecken, Gefäß gut verschließen und für 24 Stunden an einen warmen Ort, aber nicht in die Sonne stellen.

2 Den Ansatz mit Alkohol übergießen, gut verschließen und wieder für 4 Wochen an denselben Platz stellen.

3 Den Ansatz durch ein Sieb laufen lassen, filtrieren und dann verkosten. Ist Ihnen der Likör zu wenig süß, kochen Sie eine Zuckerlösung aus z. B. 150 g Zucker und 250 ml Wasser. Ist er zu stark, setzen Sie den Alkoholgehalt mit reinem Wasser herab.

4 Likör in Flaschen füllen, gut verschließen. Der Likör ist trinkfertig, wird aber durch Lagerung von 2–3 Monaten noch besser.

Variation: Aus den Schlüsselblumenblüten kann auch ein Blütenwein bereitet werden. Eine Handvoll Blüten wird mit 1 l trockenem, leichtem Weißwein übergossen. Das Gefäß gut verschließen und für 1–2 Tage an einen eher kühlen, dunklen Platz stellen. Abseihen, in Flaschen füllen und gut verschließen. Der Schlüsselblumenwein gilt als herzstärkendes Getränk und sollte gläschenweise getrunken werden.

SPITZWEGERICH

Die Medizin und die Volksheilkunde loben den Spitzwegerich schon seit Jahrtausenden. Chinesen, Griechen, Römer und Germanen waren sich über die entzündungshemmenden Wirkstoffe des Spitzwegerichs einig und verwendeten ihn als Wundheilmittel. Heute gilt die Pflanze mit den schmalen, lanzettartigen Blättern und den zierlichen, beinahe farblosen Blütenähren vielfach als Unkraut. Spitzwegerich wächst auf Wiesen, an Wegrändern, aber auch auf Schutthalden und aus Betonspalten. Am bekanntesten ist seine lindernde Wirkung bei Husten und Heiserkeit. Kaum ein Husten- oder Brusttee, ein Hustensirup oder -bonbon, in dem nicht auch Spitzwegerich enthalten ist. Spitzwegerich kann im Frühling und im Sommer gepflückt werden, aber nur solange die Pflanze blüht. Sind die Samen erst ausgereift, ist die beste Zeit vorbei.
Zur Bereitung von Spitzwegerichlikör werden die Blätter verwendet. Pflücken Sie nie Pflanzen, die in der Nähe stark befahrener Straßen wachsen!

Für den Ansatz: 2 Handvoll Spitzwegerichblätter, 1 l Kornbranntwein 40% oder Weinbrand.

1 Blätter kalt waschen und mit Küchenpapier gut trockentupfen.

2 Blätter in ein Ansatzgefäß aus klarem Glas geben, mit Alkohol übergießen. Gefäß gut verschließen und für 6 Wochen an einen warmen, wenn möglich sonnigen Platz stellen.

3 Den Ansatz abseihen und filtrieren. (Wenn Sie jetzt von der Essenz ein Fläschchen beiseite stellen, haben Sie ein gutes Mittel, um die nach einem Insektenstich juckende Haut einzureiben.)

4 Eine Zuckerlösung aus 350 g Zucker und 500 ml Wasser kochen. Überkühlen lassen und mit der Essenz vermischen. Den Likör verkosten und bei Bedarf nachsüßen.

5 In Flaschen füllen und verschließen. Der Likör ist trinkfertig, sollte aber an einem dunklen Ort aufbewahrt werden.

Variation: Sie können auch einen Spitzwegerichsaft bereiten, und daraus dann den Likör:

1 4 Handvoll Spitzwegerichblätter werden in Streifen geschnitten. In einen Topf geben, Wasser zugießen, so daß die Blätter bedeckt sind. Aufkochen und 20 Minuten sanft kochen (simmern).

2 Abkühlen lassen und durch ein Tuch seihen. 300 g Zucker beifügen, gut unterrühren und noch einmal aufkochen. Ein Löffel, den man in die Masse taucht, sollte nun beim Herausziehen mit einer dünnen Schicht überzogen sein. Wenn sich der Zucker nicht lösen läßt, müßten Sie noch eine Spur Wasser zusetzen.

3 Damit ist der Spitzwegerichsirup fertig, kann in Flaschen gefüllt und aufbewahrt werden. Für den Likör gießt man den Sirup in ein Ansatzgefäß aus Keramik oder dunklem Glas, setzt 1 l Kornbranntwein 40% zu, verschließt das Gefäß und stellt es für 6 Wochen an einen warmen Ort, aber nicht in die Sonne.

4 Den Likör filtrieren und verkosten. In Flaschen füllen, gut verschließen. Er ist trinkfertig.

VANILLE

Die Vanille gehört zur Familie der Orchideen. Als Kletterpflanze rankt sie auf tropischen Bäumen. Ihre schlanken Schoten sind zwischen 10 und 30 cm lang, werden grün geerntet und entwickeln erst in einem speziellen, sehr aufwendigen Verfahren ihre schwarzbraune Farbe und ihren vollen Geschmack. Nach Europa kam die Vanille selbstverständlich erst nach der Entdeckung der Neuen Welt. Wegen ihres feinen, unverwechselbaren und edlen Aromas wurde sie in allen höfischen und anderen reichen Küchen zum Luxusgewürz erhoben. Endgültig durchgesetzt hat sie sich als unverzichtbarer Geschmacksgeber bei Backwerk und Süßspeisen aller Art. Ursprünglich wurde sie sogar bei vielen Fleischspeisen verwendet.
Vanillelikör ist ein Likör von feinem, zartem, aromatischem Geschmack. Verwenden Sie für den Ansatz auf jeden Fall Vanilleschoten, der Vanillezucker kann hier nicht als Ersatz dienen.

Für den Ansatz: 4 Vanilleschoten, 350 g Zucker, 350 ml Wasser. Später: 1 l Weinbrand.

1 Die Vanilleschoten der Länge nach aufschneiden, das Mark auskratzen. Legen Sie die Schoten auf Backpapier, damit nichts von dem kostbaren Mark verlorengeht.

2 Zucker und Wasser in einen Topf geben, Vanilleschoten und Mark dazugeben und unter ständigem Rühren aufkochen. Etwa fünfzehn Minuten sanft kochen, dabei immer wieder umrühren. Abkühlen lassen.

3 Die Zucker-Vanille-Lösung durch ein Tuch in ein Ansatzgefäß aus Keramik oder Glas filtrieren. Alkohol zugeben und Gefäß gut verschließen. Für 6 Wochen an einen warmen Platz, nicht aber in die Sonne stellen.

4 Likör durch einen Papierfilter laufen lassen. Verkosten und nach Geschmack mit Zuckerlösung nachsüßen oder den Alkoholgehalt mit reinem Wasser herabsetzen.

5 In Flaschen füllen und gut verschließen. Der Likör ist trinkfertig.

Tips:

- Dem fertigen Likör wird gerne ein Gläschen Rosenwasser beigegeben. Wenn Sie Rosenlikör haben, setzen Sie ein Glas davon zu.
  Sie können Rosenwasser auch selbst bereiten. Übergießen Sie in einem Ansatzgefäß zwei Handvoll (ungespritzter, frischer oder auch getrockneter) Rosenblätter mit heißem Wasser (gerade so viel, daß die Rosen bedeckt sind). Gefäß verschließen und für 24 Stunden an einem nicht zu warmen Platz stehen lassen.
- Setzen Sie den Vanillelikör spätestens im September an, dann ist er im Dezember trinkfertig. Vanillelikör paßt zum Weihnachtsfest, er riecht nach Winter, Schnee und Bratäpfeln.

WACHOLDER

Der Wacholder ist eines der wenigen echten einheimischen Gewächse, er ist seit alters her in den Alpen daheim. Und seit Jahrtausenden werden seine Beeren wegen ihrer keimtötenden, desinfizierenden Wirkung geschätzt. Unzählige Mythen und Geschichten ranken sich um den kräftig duftenden Strauch, Busch oder Baum. Vom Schutz vor bösen Geistern bis zum Liebeszauber sollen die geheimen Kräfte des Wacholders reichen, und viele Naturgeister halten sich gerne in seinen wohlriechenden Ästen auf. Bis heute werden Wacholderbeeren und -zweigspitzen als Räucherwerk verwendet.
Besonders beliebt ist der Wacholderbranntwein, nicht nur als Volksheilmittel bei Gicht, Rheumatismus und zur Vorbeugung von Erkältungskrankheiten, sondern auch als Getränk. Wacholdergeist kann auch zur Einreibung bei rheumatischen Erkrankungen verwendet werden, gläschenweise getrunken gilt er als Heilmittel bei Bronchialkatarrh, Husten und Ischias.
Für den Wacholderlikör können sowohl frische als auch getrocknete Wacholderbeeren angesetzt werden. Wenn Sie die Beeren selbst trocknen, setzen Sie sie niemals der unmittelbaren Sonnenbestrahlung aus. Auch Trocknen im Backofen ist nicht zu empfehlen. Sie können aber auch die getrockneten Wacholderbeeren in den Gewürzsäckchen der Lebensmittelgeschäfte kaufen.

Für den Ansatz: etwa 150 g frische Wacholderbeeren (oder 100 g getrocknete), eventuell die Spitze eines Wacholdertriebes unzerkleinert zum Ansatz geben, 1 l Kornbranntwein 40%.

1 Frische Beeren waschen, mit Küchenpapier gründlich trockentupfen. Auf Papier legen und an einem schattigen Ort drei Tage trocknen lassen. Die Beeren mit einem Mörser zerkleinern oder auf ein Backpapier legen, mit einem Tuch zudecken und mit dem Nudelholz zerdrücken.

2 Zerstoßene Beeren und eventuell den Wacholdertrieb in ein Ansatzgefäß aus Glas oder Keramik geben, mit Alkohol übergießen und gut verschließen. Für 4 Wochen an einen warmen, aber nicht sonnigen Platz stellen.

3 Den Ansatz abseihen. (Wenn Sie jetzt ein Fläschchen mit der Essenz befüllen, haben Sie einen „Wacholdergeist“ für die Hausapotheke.) Eine Zuckerlösung kochen aus: 350 g Zucker, 400 ml Wasser. Überkühlen lassen und mit der Wacholderessenz vermischen. Das Gefäß wieder gut verschließen und noch 2 Wochen an oben erwähntem Platz stehen lassen.

4 Den Likör filtrieren und verkosten. Bei Bedarf noch mit Zuckerlösung nachsüßen. In Flaschen füllen, gut verschließen. Der Likör ist trinkfertig.

Variation: Gerne wird auch ein Wacholderwein bereitet:

Für den Ansatz: Etwa 100 g frische Wacholderbeeren, 4–6 junge Triebspitzen des Wacholders, 150 g Honig, 1 l trockener Weißwein.

1 Die frischen Wacholderbeeren müssen diesmal nicht übertrocknet werden. Sie werden gewaschen, abgetrocknet und mit allen anderen Zutaten sanft erhitzt, so daß sich der Honig auflöst. Die Flüssigkeit sollte lippenwarm sein, nie heißer werden.

2 Abkühlen lassen, in ein Glas füllen, gut verschließen und 24 Stunden an einem kühlen Ort stehen lassen.

3 Abseihen, filtrieren und in Flaschen füllen. Der Wacholderwein kann sofort getrunken werden. Gläschenweise genossen wirkt er belebend.

WALDMEISTER

Der Waldmeister mit seinen kleinen, weißen sternförmigen Blüten und den lanzettförmigen grünen Blättern ist für die Spaziergänger der Frühlingsbote des Waldes. Wenn er blüht, sind die letzten Wintereinbrüche endgültig vorüber. Ein Waldmeister kommt nie allein, auf schattigen Plätzen, vorzüglich in Buchenwäldern, sind ganze Flächen von den jungen, grünen, sanft duftenden Pflanzen bedeckt. Das feine, fast liebliche Aroma entwickelt der Waldmeister aber erst, wenn er gepflückt wurde und etwas zu welken beginnt. Die Waldmeisterpflanzen müssen nicht übertrocknet werden, es reicht, wenn sie eine halbe Stunde liegenbleiben. Meist ist das ohnehin die Zeit, die vergeht, bis man vom Spaziergang heimkommt. Ein Sträußchen Waldmeister kann daher auch auf dem Bauernmarkt gekauft werden – wenn es ein wenig abgewelkt aussieht, ist das kein Problem. Für den Ansatz sollte der Waldmeister kurz vor der Blüte geerntet werden.
Waldmeister eignet sich wunderbar zum Ansetzen in Wein, es gibt unzählige Rezepte für einen schmackhaften „Maitrunk". Für den Waldmeisterlikör empfiehlt sich der Ansatz in Weinbrand, er paßt besser zum frischen, frühlingshaften Waldmeisteraroma.

Für den Ansatz: 1 Strauß Waldmeister (20 Pflanzen), 200 g Zucker, 1 l Weinbrand.

1 Von den Waldmeisterpflanzen wird nur der obere Teil des Stieles verwendet. Sie brauchen den Teil, an dem die Blüte und die ersten beiden Blättergruppen wachsen. Der restliche Teil der Pflanze wird weggeschnitten und nicht weiterverwendet.

2 Das Kraut in ein Ansatzgefäß aus Glas oder Keramik geben. Zucker darüber streuen, mit einem Tuch oder einem Deckel zudecken und eine Stunde stehen lassen.

3 Alkohol über die Waldmeister-Zucker-Mischung geben. Das Gefäß gut verschließen und für 3 Wochen an einen warmen, aber nicht sonnigen Platz stellen.

4 Den Ansatz abseihen. Wenn Sie Ihren Likör nicht sehr süß mögen, probieren Sie ihn jetzt. Wollen Sie nachsüßen, kochen Sie eine Zuckerlösung aus 150 g Zucker und 250 ml Wasser. Überkühlen lassen und

Für den köstlichen Waldmeisterlikör benötigen Sie nichts als Zucker, Weinbrand und den oberen Teil der Waldmeisterpflanzen.

mit dem Likör vermischen. Ist der Likör zu stark, den Alkoholgehalt mit etwas reinem Wasser herabsetzen. Nun muß der Likör filtriert werden.

5 In Flaschen füllen, gut verschließen und etwa 3 Monate an einem kühlen, dunklen Platz ruhen lassen.

Variation: Waldmeisterwein kann so bereitet werden: 1 Sträußchen Waldmeister wie im vorigen Rezept beschrieben vorbereiten. In ein Ansatzgefäß geben, mit 1 l Weißwein übergießen. Gefäß verschließen und für 24 Stunden an einem kühlen, dunklen Ort ruhen lassen. Danach abseihen und in Flaschen füllen. Der Wein ist sofort trinkbar, schmeckt aromatisch, erfrischend und ergibt einen wunderbaren Aperitif.

Ein *Maitrunk* wird aus verschiedenen Kräutern bereitet: Nehmen Sie z. B. 1 Sträußchen Waldmeister, 1/2 Handvoll Walderdbeerblätter, 1/2 Handvoll Blätter der Schwarzen Johannisbeere, 5 Pfefferminzblätter, 2 Stiele Lavendel, 10–15 Veilchenblüten, 200 g Zucker und 1 unbehandelte Zitrone, 2 l Weißwein.

Die Kräuter kommen in ein Ansatzgefäß, der Zucker dazu. Das Gefäß mit einem Tuch zudecken und eine halbe Stunde stehen lassen. Nun kommt die in Scheiben geschnittene Zitrone dazu, und alles wird mit 2 l Weißwein aufgegossen. Gut zudecken und 2 Stunden stehen lassen, danach durchrühren, damit der Zucker auch gut gelöst ist. Abseihen, unter Umständen auch filtrieren. Den Maitrunk in Flaschen füllen, gut verschließen. Er ist trinkfertig.

Wenn Sie nicht alle Zutaten haben, können Sie den Maitrunk trotzdem probieren. Es gibt so viele verschiedene Rezepte, daß fast jede Variation möglich ist.

ZIMT

Zimt ist unter allen Gewürzen das in der gewerblichen Likörherstellung wohl am häufigsten vertretene. Selten als Solist, meist als wichtiger Bestandteil bei allen Bitter- und Kräuterlikören. Unverzichtbar ist der Zimt auch bei allen Zitruslikören. Das Zimtgewürz ist die getrocknete Innenrinde des Zimtbaums und wird in zierlichen Stangenröllchen, den Zimtstangen, und auch zu Pulver vermahlen in den Handel gebracht. Der ursprünglich in Ceylon beheimatete Zimtbaum blieb den ersten europäischen Kolonisatoren lange ein Geheimnis. Später wurde er sogar in heftigen Auseinandersetzungen zwischen Portugiesen, Holländern und Engländern durch die südostasiatische Inselwelt über Indochina bis in südchinesische Anbauräume „verschleppt". In ganz Mitteleuropa ist die Mischung aus Zimt und Zucker zum Sinnbild für Süßspeisen, Weihnachtsbackwerk und andere kulinarische Kinderträume geworden. So wurde dieses zum Spruchgut. Etwas habe man mit „Zimt und Zucker vollendet oder fertiggebracht" meinte bis in jüngste Zeit, daß irgend etwas besonders wohlgelungen sei. So sind bis heute Zimt und Zucker ein Wohlklang wie Samt und Seide.
Der rotbraune Zimtlikör mit dem feinen Aroma stützt sich auch voll auf diese beiden Hauptkomponenten.

Für den Ansatz: 2 Zimtstangen, 200 g Zucker, 1 l Kornbranntwein 40% oder Weinbrand.

1 Eine Zimtstange leicht zerdrücken. Dabei auf ein Backpapier legen, damit nichts von dem Gewürz verlorengeht. Die ganze und die zerdrückte Zimtstange gemeinsam mit dem Zucker in ein Ansatzgefäß aus Glas oder Keramik geben. Mit Alkohol übergießen, gut verschließen und für 6 Wochen an einen warmen Ort, aber nicht in die Sonne stellen.

2 Den Ansatz abseihen und verkosten. Wahrscheinlich wollen Sie nun nachsüßen, z. B. mit einer gekochten Zuckerlösung aus 150 g Zucker und 300 ml Wasser. Abkühlen lassen und mit der Essenz vermischen. Zudecken und 2–3 Stunden stehen lassen. Dann filtrieren.

3 In Flaschen füllen, gut verschließen. Der Likör sollte 2–3 Monate ruhen. Es ist möglich, daß Sie danach noch einmal filtrieren müssen, damit der Likör ganz klar ist.

LIKÖRKLASSIKER

ROSOGLIO

Zu den sogenannten Klassikern unter den Likören wird der oft zitierte und genannte Rosoglio gezählt. Dabei handelt es sich keineswegs um einen spezifischen und typischen Likör, sondern in Wahrheit um einen historischen Sammelbegriff. Im Spätmittelalter gab es aus dem Munde von Schöngeistern, Philosophen und auch Wissenschaftlern für den gerade in Mode kommenden Trinkbranntwein viele schwärmerische Bezeichnungen. Darunter eine, die lateinisch Ros solis lautet, also Sonnentau. Wobei diese Bezeichnung besonders auf gebrannten Wein, also auf unseren heutigen Weinbrand, gemünzt wurde. Daraus wurde später im Italienischen der verballhornte Begriff Rossolis. Und zwar für Liköre, die zwar mit den unterschiedlichsten Geschmacksstoffen, Gewürzen oder Früchten, aber immer mit gebranntem Wein, also Weinbrand, angesetzt wurden. Im österreichischen und süddeutschen Raum, der ja stets ganz stark den Einflüssen des romanischen, italienischen Kultur- und Konsumlebens unterlag – die berühmteste österreichische Kaiserin, Maria Theresia, sprach besser italienisch als deutsch –, wurde nun der Rosoglio-Likör zum besonders weit verbreiteten Standardgetränk der feineren Oberschicht. Als solches hat er auch in vielen literarischen Ecken und Winkeln, wie auch in manchem Volksstück, begrifflich Platz gefunden. Das im deutschen Raum häufigste Rosoglio-Rezept stützt sich aber weniger auf vielfältige Gewürze, sondern hauptsächlich auf karamelisierten Zucker.

Für den Ansatz: 500 g Kandiszucker, 600 ml Wasser, je 1/2 Teelöffel Zimtgeist und Nelkenöl (aus der Apotheke), 1 l Weinbrand oder Kirschgeist.

1 Kandiszucker in einen Topf geben und am Herd auf kleinem Feuer vorsichtig schmelzen lassen, bis er goldgelbe Farbe angenommen hat. Dabei ständig umrühren, damit der Zucker nicht anbrennt. Wasser zugießen und unter weiterem kräftigem Rühren aufkochen lassen. Vom Herd nehmen und weiterrühren, bis sich der Zucker völlig aufgelöst hat. In die noch warme Zuckerlösung Zimtgeist und Nelkenöl geben, dann abkühlen lassen.

2 Die Zucker-Gewürz-Lösung durch einen Papierfilter laufen lassen, dann den Alkohol zugießen. Den fertigen Likör in Flaschen füllen, gut verschließen und noch 2–3 Wochen ruhen lassen.

Variation: Wenn Ihnen das Besorgen von Zimtgeist und Nelkenöl aus der Apotheke zu mühsam ist, können Sie das Originalrezept wie folgt verändern:
Geben Sie eine zerstoßene Zimtstange und 5 leicht zerdrückte Gewürznelken gemeinsam mit dem Wasser in den Topf. Gießen Sie den Alkohol in die abgekühlte Zucker-Gewürz-Lösung. Das Gefäß gut verschließen und 24 Stunden stehen lassen. Erst dann wird der Ansatz abgeseiht und filtriert.

PORTUGIESISCHER LIKÖR *(nach Artusi)*

„Die Küche ist eine Schelmin; oft und gerne bringt sie einen zur Verzweiflung, aber sie bereitet auch Freude, denn jedesmal, wenn Sie Erfolg oder eine Schwierigkeit überwunden haben, sind Sie vergnügt, denn Sie haben einen Sieg errungen.“ So beginnt der große italienische Gastrosoph, Kochbuchautor, Rezeptesammler und Küchenkritiker Pellegrino Artusi sein bis heute legendäres Kochbuch der klassischen italienischen Küche. Artusi ließ dieses 1876 zum erstenmal und auf eigene Kosten drucken, 1896 war es bereits zu einem großen Bestseller geworden. Und es ist bis heute in ständigen Neuauflagen lieferbar. Dieses Kochbuch liest sich nicht wie ein Fachbuch, sondern wie eine ständige Polemik. In nicht müde werdenden Pamphleten stellt sich Artusi gegen die aus seiner Sicht völlig überholte und ungenießbar gewordene italienische Küche. Artusis Kochbuch, das steht heute zweifelsohne fest, hat die alte, klassische südländische Küche mit prophetischem Eifer und Zorn in die Bedeutung geführt, die sie dann im zwanzigsten Jahrhundert erreichte. Selbstverständlich hat sich der Meister in seinen Sammlungen auch mit den Likören seiner Zeit beschäftigt. Darunter auch mit dem klassischen Portugiesischen Likör. Der heute – modern modifiziert – in folgender Art und Weise bereitet werden kann.

Für den Ansatz: 1 unbehandelte Orange, 1 Tüte Safran, 1 l Weinbrand.

1 Die Orangenschale mit dem Sparschäler ganz dünn abschälen, so daß die weiße Haut auf der Frucht bleibt.

2 Orangenschale und Safran in ein Ansatzgefäß aus Glas oder Keramik geben, mit Alkohol übergießen. (Bedenken Sie, daß nach einiger Zeit auch die Zuckerlösung im Gefäß Platz haben muß!) Gefäß gut verschließen und für 3 Tage an einen warmen Ort, aber nicht direkt in die Sonne stellen.

3 Zuckerlösung aus 350 g Zucker und 400 ml Wasser kochen. Abkühlen lassen und zum Ansatz gießen. Ansatzgefäß wieder gut verschließen und für weitere 8 Tage am obigen Ort stehen lassen.

4 Den Likör abseihen und filtrieren. Verkosten, bei Bedarf nachsüßen. In Flaschen füllen, gut verschließen. Der Likör kann sofort getrunken werden.

HONIGLIKÖR *(Bärenfang aus Ostpreußen)*

Der Honig ist nicht nur das wahrscheinlich gesündeste, sondern auch eines der ältesten Süßmittel in der menschlichen Ernährung. Denn der Zucker aus dem Zuckerrohr Indiens, der moderne Rübenzucker und andere rein chemische Süßstoffe sind Innovationen der menschlichen Kultur in späteren Zeiten bis in die jüngste Geschichte. Den Honig leckten sich jedoch schon die Menschen in der grauen Vorgeschichte gerne von den Fingern, wenn sie den wütenden Angriff der Eigentümer, der wilden Bienen, überstanden oder diese ausgetrickst hatten. Natürlich lieben den Honig auch andere Lebewesen. Und so wie man mit Speck Mäuse fängt, so könnte man doch mit Honig dem Meister Petz, dem Bären, nachstellen. Ein klassischer Likör, ein Honiglikör eben, trägt diesen humorigen Namen: Bärenfang. Und angeblich haben die Bauern aus Masuren einst mit Hilfe dieses Liköres tatsächlich Bären gefangen – zumindest erzählt das die Legende.
Im Handel gibt es heute viele verschiedene Honigqualitäten und -geschmacksrichtungen. Suchen Sie jenen Honig von bester Qualität aus, der Ihnen besonders zusagt. Abgeraten wird allerdings vom sogenannten Tannenhonig, er könnte den Likör vielleicht zu bitter machen. Besonders empfehlenswert sind Lindenblüten-, Heide- oder Akazienblütenhonig. Gesund ist der folgende Honiglikör auf jeden Fall. Denn da der Honig nur erwärmt und nicht zum Kochen gebracht wird, bleiben alle seine gesunden Wirkstoffe erhalten.

Für den Ansatz: 500 g Honig, 200 ml Wasser, 1 l Kornbranntwein 40% oder Weinbrand.

1 Honig und Wasser in einen Topf geben, auf kleinster Flamme unter ständigem Rühren ganz sanft erhitzen, bis sich der Honig gelöst hat. Das Honigwasser soll stets lippenwarm bleiben und darf nicht zu heiß werden.

2 Das Honigwasser in ein Ansatzgefäß, besser aber in eine 2-l-Flasche geben. Mit Alkohol auffüllen. Nun die Flasche sanft schütteln, damit sich die beiden Flüssigkeiten gut durchmischen. Flasche verschließen und für 6–8 Wochen an einen möglichst kühlen Platz stellen. (Der Honig bildet gerne Schlieren. Diese werden am leichtesten beseitigt, wenn die Honiglösung möglichst kühl aufbewahrt wird.)

3 Den Ansatz durch ein Filterpapier laufen lassen. Danach wieder in eine Flasche füllen, verschließen und im Kühlen lagern. Der Likör ist jetzt fertig, sollte aber noch einige Wochen ruhen. In dieser Zeit kann er im Abstand von mehreren Tagen wiederholt filtriert werden, damit er klar wird. Sollte der „Bärenfang“ trüb bleiben, so ist das keineswegs ein Zeichen von schlechter Qualität, sondern lediglich ein Beweis dafür, daß die Heilkräfte des Honigs nicht durch Aufkochen zerstört worden sind.

Likörklassiker wie (v. r. n. l.) Rosoglio, Sahnelikör (nicht beschrieben, da die Sahneliköre in ihrer Vielfalt den Rahmen dieses Buches gesprengt hätten), Zitronenwodka, Bärenfang oder Teelikör sind zur Abrundung eines Festtagsmenüs immer willkommen.

MAGENBITTER

Die Bitterliköre gehören zu den wohl ältesten und auch geheimnisvollsten unter den Ansatzlikören. Denn einerseits repräsentieren sie noch die medizinische Autorität der mittelalterlichen Mönche, die mit Essenzen aus Alkohol, Kräutern, Drogen und geheimnisvollen Gewürzen ihre Apotheken füllten, um sie innerlich und äußerlich an leidende Menschen und Tiere zu verabreichen, oft auch nur auf Verdacht zu erproben. Andererseits sind die Magenbitter bis heute durch eine gute Palette von bekannten Markennamen vertreten, und untersucht man auch alte Rezepturen des Likörgewerbes und der Industrie, so findet man hier eine ungeheure Fülle an Mischungen und Herstellungsmethoden. Tatsächlich sind ja bis heute die wichtigsten Markenprodukte – was ihre Rezepturen betrifft – wohlgehütete Geheimnisse. Die ursprünglich heilsame Anwendung der Magenbitter als Verdauungshilfen, als Appetitanreger, als Körperwärmer und zur Weckung der Lebensgeister hat sich heute selbstverständlich zum Hauptgebrauch als anregender Aperitif gewandelt. Um nur einen bekannten Markennamen zu erwähnen, den Campari eben: Die wenigsten denken daran, daß dieser rote Aperitif, mit Eiswürfeln und Wasser zum Drink aufgemixt, eigentlich ein klassischer Bitterlikör ist, dessen wirklicher Geschmack durch diese Mischung und Kühlung eher malträtiert als verbessert wird. Italienische Kenner trinken ihren Campari ungekühlt und unverdünnt. Trotz aller Wandlung im Konsumverhalten gegenüber den ehrwürdigen alten Bitterlikören, stellen diese aber bis heute noch immer einen kleinen Notanker bei Völlegefühl und Übelkeit nach zu üppigem Essen dar.
Für den Ansatz sind getrocknete Kräuter angegeben, die Sie in der Apotheke erhalten.

Für den Ansatz: 2 g Wermut, 2 g Tausenguldenkraut, 2 g Pfefferminzblätter, 2 g Melissenblätter, 3 g Süßholzwurzel, 3 g Johannisbrot, 5 Gewürznelken, 1/2 Zimtstange, 5 Körner Koriander, Schale einer unbehandelten Orange, 1 l Kornbranntwein 40%.

1 Gewürze im Mörser zerkleinern oder auf ein Papier legen, mit Backpapier bedecken und vorsichtig mit dem Nudelholz zerkleinern. Die Schale der Orange so dünn wie möglich abschälen, damit die weiße Haut auf der Frucht bleibt.

2 Gewürze und Orangenschale in ein Ansatzgefäß aus Glas geben, mit dem Alkohol übergießen. Gefäß gut verschließen und für 4 Wochen an einen warmen Ort, aber nicht in die pralle Sonne stellen.

3 Ansatz abseihen. Eine Zuckerlösung aus 250 g Zucker und 300 ml Wasser kochen. Überkühlen lassen, mit dem Ansatz vermischen. Gefäß wieder gut verschließen und an obigem Platz für weitere 6 Wochen stehen lassen.

4 Den Bitterlikör filtrieren und verkosten. Der Zuckerzusatz ist bewußt niedrig gehalten, der Bitterlikör soll nicht zu süß werden. Aber natürlich können Sie jetzt noch Zuckerlösung beifügen.

5 In Flaschen füllen, gut verschließen. Der Likör kann sofort getrunken werden, wird aber besser, wenn er 2 Monate lagert. Es kann immer noch passieren, daß sich Schwebstoffe am Flaschenboden absetzen. Dann sollten Sie später noch einmal filtrieren.

Tip: Zum Bitterlikör paßt sehr gut brauner Zucker, aber auch Honig.

TEELIKÖR

Auch der Tee, sei es der grüne chinesische oder der schwarze russische, der indische Darjeeling oder der Ceylon Pekoe aus Sri Lanka, stammt aus dem Garten der Natur. Selbstverständlich ist er schon seit vielen Jahrhunderten zu einer geschmacklich und leistungsmäßig hochgezüchteten Spezialität entwickelt worden, die in tropischen Ländern in riesigen Plantagen gepflanzt und geerntet wird. Wer an Tee denkt, denkt auch automatisch an britische Lebensart. Doch das ist erst ein relativ junger Abschnitt der Geschichte des Tees. Noch im 18. Jahrhundert war das hauptsächliche Modegetränk der Engländer der Kaffee, und es gab in London keine Tearooms, sondern fast nur bürgerliche Kaffeehäuser. Erst im 19. Jahrhundert erreichte der Tee die erste Stelle in der englischen Konsumkultur. Denn durch den mit schnellen Segelschiffen in großen Tonnagen gesteigerten Import – jährlich lieferten sich die schnellsten Clipper die berühmten „Teerennen" über die Weltmeere – wurde der Tee billiger als der Kaffee und für die breite Industriearbeiterschaft erschwinglich. Und in den Zeiten des industriellen Hochkapitalismus galt es, die Arbeiterschaft vor billigem Fusel zu schützen, trotzdem aber bei Laune und Leistung zu halten. Dem englischen Industrieproletariat wurde daher der Tee als stimulierendes Getränk, vermischt mit Zucker als Kalorienspender, zur kargen Alltagsnahrung als Aufbesserung geboten. So wurde in England der Tee über die Arbeiterschaft und nicht über die High-Society für jedermann zum täglichen Genuß zur rituellen Tea-Time. Ein Teelikör schmeckt daher nicht nur nach altem Adel, sondern auch nach arbeitendem Volk.

Als Ansatz für den Teelikör empfiehlt sich die sogenannte Ostfriesenmischung, die besonders herzhaft und deftig im Geschmack ist, und „Orange Pekoe" für eine etwas blumigere Variante.

Für den Ansatz: 30 g Tee, 300 ml Wasser, 1/2 Zimtstange, 1 Vanilleschote (der Länge nach aufgeschnitten), 5 Rosinen, 0,5 l Kornbranntwein 80%. Für die Zuckerlösung: 300 g brauner Zucker.

1 Teeblätter in ein Ansatzgefäß aus Glas oder Keramik geben, dazu die Gewürze. Mit Alkohol aufgießen, 1/2 Stunde stehen lassen.

2 Wasser dazugießen, das Gefäß gut verschließen und für 1 Woche an einen warmen, aber nicht sonnigen Platz stellen.

3 Den Teeansatz abseihen. Eine Zuckerlösung aus 300 g braunem Zucker und 400 ml Wasser kochen. Überkühlen lassen und mit der Tee-Essenz vermischen. 1 Stunde stehen lassen, dann filtrieren.

5 Den Teelikör verkosten und, je nach Geschmack, mit Zuckerlösung nachsüßen oder mit reinem Wasser den Alkoholgehalt herabsetzen. In Flaschen füllen, gut verschließen und etwa 2 Monate ruhen lassen. Unter Umständen müssen Sie den Teelikör danach nochmals filtrieren.

Tips:

- Wenn es eine Teesorte gibt, die Ihnen besonders gut schmeckt, verwenden Sie diese für den Teelikör!
- Für blumige Teesorten sollte ein dünn abgeschältes Stück Schale einer unbehandelten Zitrone in den Ansatz gegeben werden.
- Teelikör wird gerne mit etwas Rosenwasser abgerundet. Auch ein Gläschen Rum paßt sehr gut zum Geschmack des Likörs.

RUSSISCHER ZITRONENWODKA

Wodka, das heißt Wässerchen, ist der legendäre Trinkbranntwein Osteuropas. Wasserhell und gut gekühlt, von besonderer Reinheit, gilt er förmlich als Symbol für russische und polnische Trink- und Lebenskultur. Wodka wird aus Korn oder Kartoffeln gebrannt und kommt in den Alkoholstärken von 40–56% in den Handel. Wodka wird z. B. in Moskau nicht aus zierlichen Schnapsgläschen getrunken, sondern aus robusten, dickwandigen Wassergläsern. Und das nicht fingerhoch gefüllt, sondern bis zum oberen Rand. Außerdem wird diese Trinksitte schon vor der Hauptmahlzeit begonnen, denn jeder Trinkspruch – und vor einem festlichen und offiziellen Bankett sind das viele – wird mit dem Austrinken eines solchen Wodkaglases besiegelt. Wer da nicht mithalten kann oder will, ist aus slawischer Sicht mega-out. Generationen von Diplomaten mußten auf Akademien und Hochschulen den richtigen Umgang mit solchen Trinksitten lernen. Denn es war der Lieblingssport russischer Gastgeber, Gesandte, Wirtschaftsführer und andere Spitzenpolitiker bei Banketten schon vor der Suppe unter den Tisch getrunken zu haben. Viele Anekdoten und Geschichten zielen diesbezüglich vor allem auf den ehemaligen Sowjetkommunismus. Das ist nur bedingt richtig, denn diese diplomatische Hürde wurde ausländischen Gästen schon in der Zarenzeit Rußlands ins Glas gegossen. Der Russische Zitronenwodka ist nun eine der feinen Variationen, wie sie vielleicht von

den Damen, die hinter ihren trinkfesten Männern standen, zuerst für sie selbst erfunden wurde. Denn das Anregende und Vitaminreiche des sonnigen Südens wird hier in die klare Kraft des nördlichen Brandes kunstvoll und geschmacksbereichernd eingeführt.

Für den Ansatz: 1 l Wodka, 1 unbehandelte Zitrone

1 Die Zitrone halbieren, eine Hälfte auspressen. Die Schale der ganzen Zitrone mit dem Sparschäler möglichst dünn abschälen.

2 Zitronenschale und den Saft der halben Zitrone in ein Ansatzgefäß geben, mit Wodka übergießen. Gefäß kräftig schütteln, dann gut verschließen und für 24 Stunden an einen möglichst kühlen Ort, vielleicht auch in den Kühlschrank stellen.

3 Den Ansatz filtrieren. Eine Zuckerlösung aus 150 g Zucker und 200 l Wasser kochen. Abkühlen lassen und mit der Essenz vermischen.

4 In Flaschen füllen und im Kühlschrank aufbewahren. Dieser Zitronenwodka kann sofort getrunken werden, er gewinnt durch lange Lagerung nicht.

Variation: Freunden harter Getränke können Sie den Wodka auch ohne Zusatz von Zuckerlösung anbieten.

Tips:
- Russischer Zitronenwodka ist auch sehr zu empfehlen, wenn eine Verkühlung „im Anzug“ ist, denn er ist reich an Vitamin C.
- Wodka sollte immer möglichst kalt getrunken werden, er bekommt dann einen etwas öligen Charakter und schmeckt noch besser.

TANNENWIPFELLIKÖR

„Maiwipferl“, so werden in Österreich und Süddeutschland die Triebspitzen der Tannen und Fichten genannt, junge Knospen und Nadeln, die einen ganz besonderen, harzigen Geruch verströmen. Sie riechen nach immergrünen Bäumen, den alten Symbolen langen Lebens, erinnern an alte Kindermärchen und -sagen, duften eben nach Wald. Das Sammeln der Zutaten zur Bereitung dieses Likörs wird zur Herausforderung für Waldkundige. Entweder Sie üben sich im Baumklettern, oder aber Sie suchen nach frisch gefällten Bäumen, auf denen sehr oft junge Triebe zu sehen sind. Gesammelt sollen die Wipfel, wie schon der Name sagt, nur im Frühling werden. Die Knospen sind dann richtig, wenn sie noch so weich sind, daß man sie mit den Fingern leicht zerreiben kann. Die Triebspitzen sollten nicht von jungen Bäumen stammen, im Gegenteil.
Sie sind reich an Vitamin C, müssen aber rasch verarbeitet werden, denn durch Lagerung verlieren sie ihre Wirkstoffe. Die Volksheilkunde preist die Tannen- und Fichtenwipfel als Heilmittel gegen Erkältungserkrankungen und Frühjahrsmüdigkeit. Nicht zufällig haben viele Hustenbonbons zumindest den werbeträchtigen Namen von immergrünen Bäumen.

Für den Ansatz: 15 Triebspitzen von Tanne oder Fichte (auch Tanne und Fichte), 1 l Kornbranntwein 40% oder auch Gin.

1 Wenn es für Sie wichtig ist, die Wipfel zu waschen, spülen Sie sie mit kaltem Wasser ab. Das muß aber nicht sein. Die Triebspitzen in ein Gefäß aus klarem Glas geben, Alkohol dazu, das Gefäß gut verschließen und für 6 Wochen an einen sonnigen Platz stellen.

2 Den Ansatz abseihen und filtrieren. Eine Zuckerlösung aus 250 g Zucker und 400 ml Wasser kochen. Abkühlen lassen und mit der Essenz vermischen.

3 Nun den Likör verkosten und nach Geschmack nachsüßen. In Flaschen füllen, gut verschließen. Der Likör ist trinkfertig, wird aber besser, wenn er noch 6–8 Wochen ruhen kann.

Variationen:

- Berühmt ist auch der Tannenwipfelsirup. Sie können Ihren Likör auch erhalten, indem Sie zuerst einen Sirup bereiten und diesen dann zu Likör weiterverarbeiten. So haben Sie beides, Sirup und Likör.
  Für den Sirup werden die Triebspitzen und Knospen von Tannen und/oder Fichten in ein Ansatzglas (am besten eignen sich Einsiedegläser) gegeben und mit einer dicken Schicht Kristallzucker bedeckt. Das Gefäß gut verschließen und an einen sonnigen Platz stellen. Nach einiger Zeit sehen Sie, wie vom Boden der Sirup hochsteigt. Nach ca. 8 Wochen wird der Sirup in dunkle Flaschen gefüllt, gut verschlossen und an einem eher kühlen, dunklen Platz aufbewahrt. Er ist lange haltbar und kann als Hustensaft getrunken werden.
  Für die Likörbereitung wird der fertige Sirup in einer Flasche mit Ansatzkorn 40% aufgegossen. Man rechnet etwa 1/3 Sirup, 2/3 Alkohol. Die Flasche gut verschließen und für 2–3 Monate an einen dunklen Ort stellen. Dabei öfter sanft schütteln. Der Likör muß danach filtriert, verkostet und nach Bedarf mit Zuckerlösung nachgesüßt werden. Dann ist er trinkfertig.
- Für den Tannenwipfellikör eignen sich auch die Triebspitzen von Kiefern (Föhren) oder Lärchen. Für den Likör können Sie die Triebspitzen Ihrer Wahl verwenden, jede Mischung ist möglich.

Tip: Aus den Wipfeln läßt sich auch ein guter Tee bereiten, der allerdings nur wirkt, so lange die Triebspitzen frisch sind. Zwei bis drei Wipfel werden mit 0,5 l heißem, aber nicht kochendem Wasser übergossen. Zehn Minuten ziehen lassen, dann trinken. Der Tee hilft, Erkältungskrankheiten zu vertreiben.

Zuletzt sei noch einmal die Bitte formuliert: Reißen Sie die Triebspitzen nicht von jungen Bäumen, besonders in Aufforstungsgebieten, ab.

HAUSLIKÖR *(„Miraculix-Schnaps")*

Dieser Likör gehört zu den traditionellsten Hausrezepten aus den Kochbüchern unserer Ururur-Großmütter. Unter sehr persönlichen Bezeichnungen wie „Hausschnaps" oder „Hauslikör", auch „Mein Likör", ist er noch manchmal in handgeschriebenen Kochbüchern zu finden. Alkohol jeder Art, vom Wein bis zum Branntwein, wurde mit Hilfe getrockneter Früchte aromatisiert, damit er einen vollmundigen Geschmack bekam. Je nach Region, Saison und finanziellen Möglichkeiten wurden dem Alkohol Rosinen, Dörrpflaumen, getrocknete Apfelschalen, getrocknete Kirschen oder gedörrte Aprikosen beigefügt und für einige Tage, manchmal auch für Wochen, darin belassen. Importierte Gewürze wie Zimt, Gewürznelken oder Vanille wurden, weil eben teuer, dem „Hauslikör" erst in jüngerer Zeit beigegeben. Heute, wo uns alle Grundstoffe in bester Qualität und zu erschwinglichen Preisen zur Verfügung stehen, ergeben Variationen dieser alten „Notrezepte" in jedem Fall Produkte bester Qualität und laden daher zu umfangreicher Experimentiertätigkeit ein. Achten Sie darauf, daß Sie ungeschwefelte Dörrfrüchte für den Ansatz bekommen.

Für den Ansatz: 5 Dörrpflaumen, 5 getrocknete Aprikosen, 10 Rosinen, eine Handvoll getrocknete Apfelschalen oder Apfelringe, 3–5 Gewürznelken, 1/2 Zimtrinde, ein dünn abgeschnittenes Stück der Schale einer unbehandelten Orange, 1 l Kornbranntwein 40%.

1 Früchte und Gewürze in ein Ansatzgefäß aus Glas oder Keramik geben, mit Alkohol übergießen. Gefäß gut verschließen und für 3 Wochen an einen warmen Ort, aber nicht in die Sonne stellen.

2 Den Ansatz abseihen, 250 ml Wasser zusetzen, gut vermischen. Je nach Geschmack kann er nun noch mit einer Zuckerlösung verfeinert werden, z. B. aus 150 g Zucker und 150 ml Wasser.

3 Den Likör filtrieren, in Flaschen füllen, gut verschließen. Er ist sofort trinkfertig.

Variation: Auch Wein, den Sie einige Tage mit Trockenfrüchten ansetzen, schmeckt süß und wunderbar. Hier reichen etwa 10 Trockenfrüchte für einen Liter Wein. Zitronen- oder Orangenschalen sollten Sie allerdings nicht in Wein ansetzen.

ERNTE- UND ANSATZKALENDER

Die angegebenen Ernte- oder Pflücktermine für Früchte, Kräuter, Beeren und Blüten können nur als grundsätzliche Richtwerte betrachtet werden. Denn die unterschiedlichen Jahreszeitenlängen, abhängig von den Wetterlagen, können so manchen Blühtermin von März auf April, von April auf Mai oder umgekehrt verschieben. Ebenso ist es natürlich

	Apfel	Aprikose	Basilikum	Birne	Brombeere	Erdbeere	Gurke	Hagebutte	Heidelbeere	Himbeere	Holunder	Johannisbeere	Kamille	Kirsche	Löwenzahn	Melisse	Mispel
Januar																	
Februar																	
März																	
April															•••		
Mai						••								•	•••	•••	
Juni						•••							•••	•••	•	•••	
Juli		•••	•••				•••		••	•••		•••	•••	•			
August	•••	•	•••	•••	•••		•••		•••	•••	•		•••				
September	•••		•	•••	•••			•	•		•••						
Oktober	•••			•••				•••									•••
November								••									•••
Dezember																	

Ganzjährig aus Apotheke oder Lebensmittelgeschäft:

von den entsprechenden landschaftlichen Regionen her sehr verschieden, wann Früchte und Beeren reifen. Aber über all dies werden Obstgartenbesitzer, Naturliebhaber und Wanderer ja selbst Bescheid wissen und es auch immer sorgfältig prüfen.
Wer nicht die Möglichkeit hat, die Früchte, Kräuter und Beeren selbst zu pflücken, ist auf den Einkauf angewiesen. Die erste Richtregel über den richtigen Zeitpunkt für den Einkauf kann nun so lauten: Kaufen Sie die Früchte dann, wenn sie am billigsten geworden sind, denn dann ist gerade Haupterntezeit. Diese Regel gilt für alle Bauernmärkte, auch für Bioläden, die sich vom System oder vom Prinzip her auch danach richten. Vorsicht beim Einkauf in Supermärkten. Denn im Großhandel werden Obst und Gemüse oft über weite Transport-

	Nuß	Orange	Paprika	Pfefferminze	Pflaume	Preiselbeere	Quitte	Rhabarber	Rose	Rosmarin	Salbei	Schlehdorn	Schlüsselblume	Sellerie	Spitzwegerich	Stachelbeere	Tannen-Triebspitzen	Vogelbeere	Wacholder	Waldmeister	Weichsel	Zitrone
		•••																				•••
		•••																				•••
													••				•			•		
													•••		•••		•••			•••	•	
	•••			•••					•••	•••	•••				•••		•			•	•••	
	••		•••	•••		•••		•••	•••	•••	•••				•••	•••					•	
			•••	•••	•••	•••		•••	•••	•••	•••				••	•						
					•••		•••		•••					••				•••				
		•••										•••		•••				•••	•••			•••
		•••										•••		••				•				•••
		••																				••

Angelika, Anis, Kümmel, Vanille, Zimt

wege und zu ganz bestimmten Terminen versendet und zum Verkauf gebracht, die mit dem Reifezyklus der Natur fast nichts mehr zu tun haben. Daher kann dort auch die optisch schönste und scheinbar frischste Ware gerade die sein, die geschmacklich keinen befriedigenden Ansatz ergibt. Außerdem ist den Käufern wenig oder gar nichts über die verwendete „Landwirtschaftschemie“ und andere „Transport-Haltbarkeitschemikalien“ bekannt.
Wer Kräuter und Beeren auf Wanderungen und Spaziergängen in freier Natur selbst sammelt, unterliegt der Verantwortung, die sich ihm bietenden „Fundorte“ nicht völlig auszuplündern, damit auch die Tiere zu der für sie vorgesehenen Nahrung kommen. Ebenso gehört es sich nicht, Kräuter, von denen nur bestimmte Teile gebraucht werden, gleich komplett auszureißen oder Jungbäume durch Abreißen sämtlicher Triebspitzen zu schädigen. Den hygienebewußten Städtern wieder drängt sich die Frage auf, ob das nun Gesammelte auch sauber genug sei, um es ohne großartige Waschungen sofort zu verwenden. Dazu gehört gute Beobachtungsgabe. Wenn Ihre Ernte von einem Fleckchen stammt, das weder durch Umwelteinflüsse noch durch Tierfraß beeinträchtigt ist, dann könnten Sie es wagen, auf eine Waschung zu verzichten, die ja oft genug wichtige Aromastoffe schon vor dem Ansetzen zerstört. Auf jeden Fall sollten Sie Waldbeeren zumindest kalt abspülen. Denn da zum Beispiel auch Füchse recht naschsüchtig sind, kann es sein, daß diese „Mitbewerber“ schon vor Ihnen da waren. Sind auf den von Ihnen geernteten Früchten nun etwa (nicht sichtbare) Speichelreste eines Fuchses, und Sie würden diese nicht vor Verwendung abwaschen, könnten Sie sich bei Genuß der guten Waldbeeren eine typische Fuchskrankheit einhandeln – den Hakenbandwurm. Hier ist also in jedem Fall Vorsicht und Reinlichkeit oberstes Gebot.